KB189543

신랑이 왔다

Nihil Obstat:
Rev. Pius Lee
Censor Librorum
Imprimatur:
Most Rev. John Baptist Jung Shin-chul, S.T.D., D. D.
Administrator Apostolicus Diocesis Incheonis
2017. 1. 24.

뜻으로 듣는 복음(가해)

신랑이 왔다

초판 1쇄 발행 2017년 2월 7일
초판 4쇄 발행 2017년 3월 3일

지은이 홍승모
일러스트 김복태
펴낸이 백인순
펴낸곳 위즈앤비즈
주소 서울 영등포구 선유동2로 46(당산동5가, 유원제일2차아파트상가) 304호
전화 02-324-5677   **팩스** 02-334-5611
출판등록 2005년 4월 12일 제313-2010-171호

ISBN 978-89-92825-90-0 03230

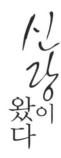

신랑이 왔다

홍승모 몬시뇰 지음

위즈앤비즈
Wisdom & Vision

| 차례 |

이 책을 읽고 주일을 기쁘게

바쁜 생활 속에서 하느님의 말씀은 분명 우리에게 큰 활력을 줍니다. 특히 주일 복음의 말씀은 일주일간의 힘든 삶을 녹여내는 힘이 있으며, 새로운 한 주를 힘차게 출발하게 만들어 줍니다. 또한 하느님의 말씀을 듣고 읽고 묵상하는 것은 우리 모두에게 하느님께 더 깊이 다가가게 만들고, 우리의 삶을 변화시켜 하느님과의 친교에로 나아가게(1요한 1,3 참조) 합니다. 사도 바오로는 이렇게 말합니다. "하느님의 말씀은 살아 있고 힘이 있으며 어떤 쌍날칼보다도 날카롭습니다. 그래서 사람 속을 꿰찔러 혼과 영을 가르고 관절과 골수를 갈라, 마음의 생각과 속셈을 가려냅니다"(히브 4,12).

홍승모 미카엘 몬시뇰은 신학교에서 사제 양성에 힘쓰고 계시며, 성경 번역과 강의를 통해 모든 신자들에게 생명의 양식인 성경을 쉽게 알려주시기 위해 노력해 오셨습니다. 이번에 주일 복음을 모든 신자들이 읽고 묵상할 수 있게 가이드 북을 만들어 주었습니다. 이 책은 주일 복음에 대한 강론이 아닙니다. 주일 복음을 읽고 그 내용을 어떻게 묵상할 수 있는지를 알려주고 있습니다. 복음을 하나의 시각에서만 읽게 하는 것이 아니라 다양한 시각에서 생각하고 묵상할 수 있게 편의를 제공해주고 있습니다.

많은 분들이 매 주일 전에 이 책을 읽고 주일 복음을 먼저 묵상할 수 있는 시간을 가졌으면 합니다. 그래서 말씀 안에서 우리에게 다가오시는 하느님을 깊이 만나며 주일을 기쁘게 맞이하는 신앙인이 되기를 바랍니다.

2017년
천주교 인천교구장
정신철 요한 세례자 주교

저마다의 슬픈 소식을 이길 복음

이 책은 『사목정보』 잡지의 "성경 말씀과 사목 현실의 소통"이라는 지면을 통해 사목자들의 주일 강론에 도움을 드리고자 게재한 주일 복음 해석을, 신자들이 보다 쉽게 이해하고 되새길 수 있도록 다시 편집하여 펴낸 복음 묵상 해설집입니다.

복음 말씀은 읽으면 읽을수록 그 거룩한 의미가 숨겨져 있는 생명의 씨앗과 같습니다. 복음 말씀은 늘 가까이 접할 수 있지만, 알아갈수록 낯선 매력으로 우리를 설레게 합니다. 이런 이유로, 복음 안에 내재된 거룩하고 심오한 뜻을 다 전하기에 부족하지만, 교우들의 영적 갈증 해소에 일조하기를 기도하면서 책을 출간하게 되었습니다.

이 책의 발간을 함께 기뻐해 주시고 기꺼이 추천의 글을 써 주신 정신철 요한 세례자 주교님께 감사드립니다. 정 주교님은 복음 말씀의 효과적인 전달법에 대하여 학술적 연구에도 지속적인 애정을 쏟아오신 학자이십니다. 그러기에 이 책에 보내 주신 격려 말씀은 일선 사목자들 및 신자들에게도 큰 응원이 되리라 믿습니다.

또한 이 책을 펴낼 수 있도록 커다란 도움을 주신 미래사목연구소 가족에게 감사를 드립니다. 특히 바쁜 연구소 일정에도 불구하고 좋은 글이 될 수 있도록 배려해 주신 소장 차동엽 신부께도 감사드립니다. 차 신부님은 신자들을 위해 많은 책들을 펴내고 열강을 해오신 사목통이라 그분 고견을 참조했고, 더구나 그 자신의 "야뽁 건널목"(창세 32,23)에서 주님의 말씀에 관해 묵상하신 글도 함께 실었습니다.

독자들의 넓은 아량과 너그러운 이해를 구하면서, 주님의 말씀 속에서 저마다의 슬픈 소식을 이길 복음, 그리하여 삶의 희망과 행복을 발견하시기를 성모님께 전구해 드립니다.

강화 진강산 기슭에서
홍승모 미카엘 몬시뇰

하나는 데려가고

가해 대림 제1주는 3년 주기로 반복되는 교회력의 첫 주간에 해당합니다. 그러니까 새로운 전례 사이클의 첫 번째 주간이라는 얘기입니다.

오늘 복음 말씀은 우리에게 기다리는 자세에 대해서 깨우쳐 주고 있습니다. 본문은 예수님의 "재림"과 관련하여 "깨어 있을 것"(마태 24,42)을 강조하지만, 사실 "깨어 있음" 자체는 구약 시대의 희망이었던 "초림"(=메시아 오심)의 그것과 신약 시대의 희망인 "재림"의 그것 사이에 전혀 차이가 없습니다.

예수님께서는 오늘 복음 말씀 바로 직전에, 오늘 복음의 대전제가 되는 선언을 하신 바 있습니다.

"그 날과 그 시간은 아무도 모른다. 하늘의 천사들도 아들도 모르고 오로지 아버지만 아신다"(마태 24,36).

종말에 관한 이 말씀으로, 예수님께서는 제자들의 경각심을 불러일으키셨습니다.

오늘 복음 말씀은 이에 덧대어 시작합니다. 예수님께서는 "노아 때"(마태 24,37 참조) 일을 언급하며 이렇게 말씀하십니다.

"홍수 이전 시대에 사람들은 노아가 방주에 들어가는 날까지 먹고 마시고 장가들고 시집가고 하면서, 홍수가 닥쳐 모두 휩쓸어 갈 때까지 아무것도 모르고 있었다. 사람의 아들의 재림도 그러할 것이다"(마태 24,38-39).

여기서 "먹고 마시고 장가들고 시집가고" 하는 행동들은 사실 세상의 평범한 일상사입니다. 상식적으로 봤을 때, 사람이 살아가면서 가장 기본적으로 행하는 것들입니다.

그런데 예수님께서는 마치 이런 것들이 잘못인 것처럼 말씀하십니다. 이는 그 자체의 문제가 아니라, 도가 지나쳤던 것이 문제였기 때문입니다. 노아 시대 사람들은 이런 것들에 골몰하며 흥청망청 거리면서 방탕하게 살았던 것입니다.

하지만 예수님께서 일러주시고자 하셨던 저들의 결정적인 문제는 다른 것이었습니다. 저들의 더욱 심각한 죄상은 "아무것도 모르고 있었다"는 표현에 드러나 있습니다.

"홍수가 닥쳐 모두 휩쓸어 갈 때까지 아무것도 모르고 있었다"(마태 24,39).

이는 노아 시대 사람들은 "홍수가 닥쳐 모두 휩쓸어 갈 때까지", 세상의 즐거움에 홀딱 빠져서 살았음을 가리킵니다. "아무것도 모르고 있었다"는 말씀은 자신들의 삶의 방식에 대해 전혀 성찰 없이 살았던 부주의와 태만을 지적해줍니다. 결과는 우리가 알고 있는 것처럼 "몰살"이라는 파국이었습니다.

예수님께서는 이런 비극이 사람의 아들이 다시 올 때에 재연될 것임을 경고하십니다.

"사람의 아들의 재림도 그러할 것이다"(마태 24,39).

그런데, 비록 사람의 아들이 재림하는 "그 날과 그 시간"을 하느님 외에는 아무도 모르지만, 그때 일어날 일들까지 비밀에 붙여진 것은 아닙니다.

그러기에 예수님께서는 이제 "두 여자"의 이야기로 말머리를 돌리십니다.

"두 여자가 맷돌질을 하고 있으면, 하나는 데려가고 하나는 버려둘 것이다"(마태 24,41).

여기서 "데려간다"는 표현은 그 옛날 노아의 방주 같은 곳으로 데려가 구원을 베푸는 것을 말합니다. 반면 "버려둘 것이다"라는 말은 홍수와 같은 재앙 속에 버려진다는 사실을 가리킵니다. 여

15

기에는 우리들의 선택권이 없습니다. 그것을 결정하는 것은 하느님이십니다.

그런데 여기서 구원을 받는 자나, 버림을 받는 자나 외적 활동에 있어서는 차이가 없었습니다. 이 말씀 전에 언급하신 "들"(마태 24,40)이나 여기 "맷돌질"은 노동과 음식을 먹는 일상의 삶을 가리킵니다. 두 부류의 사람들 모두는 그저 일상적인 생활을 하고 있을 뿐입니다. 그런데 한 부류는 구원을 얻고, 다른 한 부류는 심판을 받습니다. 이는 드러나는 외적 활동 이외에 다른 판단 기준이 있었음을 알려줍니다.

바로 이어지는 말씀은 그것이 "깨어 있음"이라고 밝힙니다.

"그러니 깨어 있어라. 너희의 주인이 어느 날에 올지 너희가 모르기 때문이다"(마태 24,42).

여기서 깨어 있다는 사실 하나가 구원과 비구원, 삶과 죽음을 결정짓는 변수가 될 수 있는 까닭은 "깨어 있음"이 "준비"를 동반하기 때문입니다.

이런 이유로 예수님께서는 잊지 않으시고 곧바로 "준비"에 대해 언급하십니다.

"이것을 명심하여라. 도둑이 밤 몇 시에 올지 집주인이 알면, 깨어 있으면서 도둑이 자기 집을 뚫고 들어오도록 내버려 두지 않을 것이다"(마태 24,43).

갑자기 상황이 바뀝니다만, "깨어 있으면서" 도둑이 오는 시간을 알면 그에 "대비"하는 것은 당연지사라는 말씀입니다.

"그러니 너희도 준비하고 있어라. 너희가 생각하지도 않은 때에 사람의 아들이 올 것이기 때문이다"(마태 24,44).

준비하고 "있어라"(기네스데: ginesthe)라는 현재 명령형은 어느 한 시점에만 준비하고 있는 것이 아니라 지속적으로 끊임없이 미래를 준비하라는 의미입니다.

요컨대, 깨어 있음과 준비, 이 둘은 처음 대전제인 아무도 모르는 "그 날과 그 시간" 예수님 재림을 기쁘게 맞이할 수 있도록 해 주는 최상의 선택입니다.

훗날, 바오로 사도는 깨어서 준비하는 삶이 어떤 것인지 다음과 같이 제시합니다.

"어둠의 행실을 벗어 버리고 빛의 갑옷을 입읍시다. 대낮에 행동하듯이, 품위 있게 살아갑시다. 흥청대는 술잔치와 만취, 음탕과 방탕, 다툼과 시기 속에 살지 맙시다. 그 대신에 주 예수 그리스도를 입으십시오"(로마 13,12-14).

여기서 "흥청대는 술잔치와 만취, 음탕과 방탕, 다툼과 시기 속에 살지 않는 것"은 "어둠"을 벗고 "대낮"의 삶을 사는, "깨어 있음"의 전형이라 할 수 있습니다.

　이에 나아가 바오로 사도는 "주 예수 그리스도"를 입으라고 권고합니다. 이는 내용적으로 "깨어 있음"과 겹치는 표현이면서, "준비"까지 포함하는 말입니다. 왜냐하면 그리스도를 입는 것은 그리스도의 말씀과 복음으로 중무장하여 신앙의 총체적 은총을 누리는 것을 의미하기 때문입니다.

　이렇게 복음의 은혜를 더듬어 보았습니다. 오늘 특별히 머물고 싶어지는 말씀은 "하나는 데려가고"(마태 24,41)입니다.

　　하나는 데려가고 하나는 버려두실 때,
　　낭패가 되어서는 안 되겠습니다.
　　밤을 견디면서 똘망한 눈으로 깨어서,
　　겨자씨 믿음으로 최후의 변론을 준비하여,
　　그분의 오심 눈물로 포용해야겠습니다.

하나는 데려가고

말할 생각일랑 마라

대림 제2주일인 오늘 복음 말씀은 메시아의 선구자로서 세례자 요한이 선포한 메시지를 전해줍니다. 요한은 구약의 마지막 예언자이며, 동시에 신약을 준비한 선구자입니다.

복음 말씀은 이렇게 시작됩니다.
"그 무렵에 세례자 요한이 나타나 유다 광야에서 이렇게 선포하였다"(마태 3,1).
신약성경에서 "광야"는 자주 언급되지만, "유다 광야"라는 표현은 이 구절에만 등장하는 표현입니다. 그런데 그 광야에 세례자 요한이 나타났습니다. 그의 첫 번째 메시지는 간결했습니다.

"회개하여라. 하늘 나라가 가까이 왔다"(마태 3,2).
여기서 "회개하여라"라고 번역된 그리스어 "메타노에이

테"(metanoeite)의 원형은 "메타노에오"(metanoeo)로서, "재고하다", "마음이나 목적을 바꾸다"라는 뜻을 지닙니다. 말뜻 그대로 "회개한다"는 것은 본디 "달리 생각한다" 곧 "생각을 고친다"는 것을 뜻합니다. 생각을 제대로 고치면 연쇄적으로 마음과 행동도 고치게 마련이니, 이 단어는 결국 회개의 정곡을 찌르고 있는 셈입니다.

이렇게 세례자 요한이 회개를 우선적으로 전한 이유는 "하늘 나라가 가까이 왔"기 때문입니다. "하늘 나라"는 "하느님 나라"를 완곡하게 표현한 용어로서, 하느님께서 통치하시는 나라를 가리킵니다. 유다인들에게는 이 용어가 그리 낯설지 않았습니다. 그리고 그들에게 즉시 그 통치를 대신할 "메시아"를 연상시켰습니다.

이쯤 되면, 물음이 생길 수밖에 없습니다.
"저 사람이 누구기에 그런 거창한 주장을 하는가?"
이 잠재적 물음에 대한 답변으로서 복음서는 이사야 예언서(이사 40,3 참조)를 인용하면서 이렇게 설명합니다.
"요한은 이사야 예언자가 말한 바로 그 사람이다. 이사야는 이렇게 말하였다. '광야에서 외치는 이의 소리. '너희는 주님의 길을 마련하여라. 그분의 길을 곧게 내어라'""(마태 3,3).
이 소개의 문장에서 한 어구가 우리의 귀를 쫑긋하게 합니다.

"광야에서 외치는 이의 소리"(마태 3,3).

모든 복음서들은 여기서처럼 세례자 요한을 "소리"(프호네: phone)라고 부르고 있습니다. 이는 요한 복음에서 예수님을 가리켜 "말씀"(로고스: logos)이라고 한 것과 대조를 이룹니다. "말씀"이 진리나 지혜를 뜻하는 단어인 반면, "소리"는 단순히 파동의 울림을 가리킵니다.

사실 세례자 요한이 "소리"로서 말할 때, 그 안에서 "말씀"을 하시는 분은 하느님이십니다. 그런데 요한 복음서는 예수님이 바로 "말씀"이시라고 줄곧 기록합니다. 성부 하느님과 성자 예수님이 결국 동격이시라는 사실을 처음부터 전제하지 않고는 이해하기 어려운 대목입니다.

어쨌든 "소리"로서 세례자 요한의 역할은 "주님의 길", 곧 메시아가 오시는 길을 곧게 내는 것이었습니다.

청중의 호응은 대단했습니다. 저마다 세례를 받으러 그에게 왔습니다.

바리사이와 사두가이도 그 가운데 끼어 있었습니다. 하지만 세례자 요한은 이들에게 단단히 경고합니다.

"독사의 자식들아, 다가오는 진노를 피하라고 누가 너희에게 일러 주더냐?"(마태 3,7)

"독사의 자식들"(겐네마타 에키드논: gennemata echidnon)은 사실상 "사탄의 자식"이라는 의미와 비슷한 말로서 대단히 충격적인 독설입니다. 바리사이와 사두가이는 민중을 얕보고 자기들만이 율법의 주인인 것처럼 교만에 차 있었습니다. 그들이 입으로 내뱉는 잘못된 교설이 바로 민중의 정신을 마비시키는 독과 같은 것이었습니다. 그러기에 세례자 요한의 과격한 언사는 부당한 것이 아니었습니다.

세례자 요한은 그들 세력가들에게 용기 있게 요구했습니다.

"회개에 합당한 열매를 맺어라"(마태 3,8).

이 힐난조의 권고는 기득권에 대한 집착과 영적 타성에 젖은 저들의 적폐를 세례자 요한이 꿰뚫어보고 있었음을 드러내줍니다. 저들이 아무리 자진하여 회개의 표시로서 세례를 청하여 받는다 해도, 구태와 악습을 뜯어고치지 않는 한 의미가 없음을 세례자 요한은 직시하고 있었던 것입니다.

세례자 요한의 직언은 거침이 없었습니다.

"그리고 '우리는 아브라함을 조상으로 모시고 있다.'고 말할 생각일랑 하지 마라"(마태 3,9).

유다인에게 "아브라함"은 믿음의 조상이며 축복의 근원이었습니다. 그러기에 "아브라함의 후손"이라는 사실은 그들에게 구원의 보증으로 여겨졌습니다. 이런 생각은 특히 특권의식을 짙게 가지고 있던 바리사이와 사두가이에게 더욱 뚜렷하였습니다. 바로 이점을 세례자 요한은 찔러 비판한 것입니다.

자신들은 입술로만 살면서 공공연히 조상의 은덕 타령만 하고 있는 저들에게 세례자 요한의 일침은 듣기에 무척 거북했을 것이 뻔합니다.

이어지는 심판의 임박과 뒤에 오실 분에 대한 소개의 말씀은 이처럼 무례한 선포를 해대는 세례자 요한의 권한에 대한 증빙이라 하겠습니다. 이를테면 "나를 건드리면 너희들 큰 코 다친다"는 식의 언사로도 볼 수 있는 것입니다.

이렇게 복음의 은혜를 더듬어 보았습니다. 오늘 특별히 머물고 싶어지는 말씀은 "말할 생각일랑 하지 마라"(마태 3,9)입니다.

나는 순교자의 후예, 가톨릭 성골이다
나는 태중 교우, 가톨릭 진골이다
나는 하느님의 사랑둥이, 아브라함의 후손이다
라고 말할 생각일랑 하지 마라.

저 곳에서 쳐주는 건 다만 땀과 눈물과 피다.
그분 앞에 유효한 건 한사코 몸뚱이 회개다.

길을 닦아 놓으리라

대림 제3주일! 어느덧 대림시기의 중턱을 넘고 있습니다.

지난주에 이어 복음 말씀에는 세례자 요한이 주요 인물로 등장합니다. 상황은 이제 바통터치를 해야 할 즈음입니다.

복음서가 기록하는 시점에서 "현재", 세례자 요한은 제수를 아내로 삼은 헤로데 왕의 패륜을 공공연하게 비판하다가 감옥에 갇힌 신세가 되어 있습니다. 거기서 그는 "그리스도께서 하신 일"(마태 11,2)을 전해듣습니다. 숙고 끝에 그는 제자들을 보내 이런 질문을 예수님께 전갈로 보냅니다.

"오실 분이 선생님이십니까? 아니면 저희가 다른 분을 기다려야 합니까?"(마태 11,3)

이 질문은 세례자 요한이 예수님께 세례를 주었을 때의 대화에서 "제가 선생님께 세례를 받아야 할 터인데 선생님께서 저에게 오시다니요?"(마태 3,14) 하면서 만류했던 사실에 의거할 때 좀 이상합니다.

그럼에도 이 질문은 솔직하면서도 진지한 것이었습니다. 현재 세례자 요한은 바깥세상과 단절되어 있고, 예수님의 행적에 대하여 듣기는 하였지만, 전해들은 것들이 자신이 생각했던 모습과는 사뭇 달랐던 것입니다. 세례자 요한은 오실 분의 역할에 대하여 이렇게 예고한 바 있습니다.

"도끼가 이미 나무뿌리에 닿아 있다. 좋은 열매를 맺지 않는 나무는 모두 찍혀서 불 속에 던져진다"(마태 3,10), "(그분께서는) 또 손에 키를 드시고 당신의 타작마당을 깨끗이 하시어, 알곡은 곳간에 모아들이시고 쭉정이는 꺼지지 않는 불에 태워 버리실 것이다"(마태 3,12).

당연히 이는 정의와 심판의 메시아를 떠올리게 합니다.

그런데 듣자 하니 예수님께서는 정반대로 구원의 복음을 선포하고 용서와 사랑의 삶을 살고 계셨습니다. 심지어 죄인, 세리, 그리고 창녀들과도 어울리셨습니다. 이 소식은 세례자 요한을 당황스럽게 하고도 남았습니다. 바로 이 괴리에서 세례자 요한의 회의어린 질문이 비롯되었을 것임이 충분히 짐작됩니다.

하지만! 좀 더 상황을 파고들면 그에 더하여 또 다른 이유도 있었을 법합니다. 실제 세례자 요한에겐 촌각이 아쉬운 심리적 욕구가 있었습니다. 감옥에서 순교를 예감하고 있는 그의 처지를 깊이 감안할 때, 세례자 요한은 심리적으로 자신이 목숨 바쳐 증언한 그분이 메시아이심을 확인하고서 안도 가운데 하느님 품으로 돌아가고 싶어 했을 것이 자명합니다. 그것이 질문을 보낸 깊은 속내였던 것입니다.

절박한 질문! 이에 대해 예수님께서는 이사야 예언자의 예언들을 한데 인용하여 답변해주십니다.

"눈먼 이들이 보고 다리저는 이들이 제대로 걸으며, 나병 환자들이 깨끗해지고 귀먹은 이들이 들으며, 죽은 이들이 되살아나고 가난한 이들이 복음을 듣는다"(마태 11,5).

이 대답을 전해듣고서 세례자 요한의 이런 독백이 들리는 듯합니다.

"그러면 됐다. 그분이 바로 메시아시다. 비록 내 기대를 일정하게 넘어섰지만, 그분이 바로 내가 예고했던 '오실 분'이시다. 이제 여한이 없다. 그분이 오실 길을 곧게 내다가 목숨을 바치게 되었으니, 후회 없는 생이었다. 아멘!"

요한의 제자들이 떠나간 뒤, 예수님께서는 세례자 요한에 대해 군중에게 질문형식을 빌려 평가하십니다. 주님께서 누군가에 관해 이렇게 길게(마태 11,7-19 참조) 말씀하신 일은 일찍이 없었습니다.

예수님께서는 "무엇을 보러 나갔느냐"는 질문을 세 번(마태 11.7.8.9) 하시고, 답을 촉구하는 질문을 역시 세 번하십니다.

첫 번째 질문의 나머지 반쪽은 "바람에 흔들리는 갈대냐?"(마태 11.7)입니다. 이는 "바람에 흔들리는 갈대와 같은 인물을 보러 광야에 나갔느냐?"라는 뜻입니다. 갈대는 변덕스러움과 연약함을 상징합니다. 하지만 세례자 요한은 헤로데의 잘못을 꾸짖고도 굽히지 않을 정도로 타협도 불사하고 메시아의 선구자로서 최선을 다한 인물이었습니다(루카 3.19-20 참조).

두 번째 질문의 나머지 반쪽은 "고운 옷을 입은 사람이냐?"(마태 11.8)입니다. 이에 대한 대답은 예수님께서 내리십니다. 그런 사람들은 "왕궁에 있다"고 말입니다. "낙타 털로 된 옷을 입고 허리에 가죽 띠를 두르고"(마태 3.4) 광야에 살았던 세례자 요한이 그런 호사꾼이 아니었음은 예수님이나 군중이나 익히 알고 있었습니다.

마지막으로 예수님께서는 "예언자냐?"(마태 11.9)라고 질문하셨습니다. 사실 군중들은 요한을 예언자로 여기고 있었습니다. 그 때문에 많은 사람들이 요한에게 다가갔던 것입니다. 예수님의 평가는 그 이상이었습니다.

"내가 너희에게 말한다. 예언자보다 더 중요한 인물이다"(마태 11.9).

요한이 다른 예언자들보다 더 훌륭한 이유는 그가, 주님이 오시는 길을 준비함으로써, 예언 성취의 길을 열었다는 데 있습니다(말라 3,1 참조).

"그는 성경에 이렇게 기록되어 있는 사람이다. '보라, 내가 네 앞에 나의 사자를 보낸다. 그가 네 앞에서 너희 길을 닦아 놓으리라'"(마태 11,10).

"예언자"는 구약의 인물들입니다. 그러기에 "예언자보다 더 중요한 사람"이라는 말씀은 구약을 넘어서는 인물이라는 뜻입니다.

사실이 그랬습니다. 세례자 요한은 자신의 생을 구약의 마지막 예언자로 시작했지만, 궁극에는 신약의 "길을 닦은" 인물, 나아가 주님을 "증언"한 인물로 생을 마쳤습니다. 그는 가장 먼저 신약의 문턱에 들어선 인물이었던 셈입니다.

세례자 요한에 대한 예수님의 평가는 마침내 최상급까지 동원합니다.

"여자에게서 태어난 이들 가운데 세례자 요한보다 더 큰 인물은 나오지 않았다"(마태 11,11).

이 극찬은 엘리사벳이 성모 마리아께 드렸던 "여인들 가운데에서 가장 복되시며 당신 태중의 아기도 복되십니다"(루카 1,42)라는 찬사에 버금가는 것이었습니다.

이렇게 더듬어 본 복음의 은혜 가운데, 특별히 더 머물고 싶은 말씀은 "길을 닦아 놓으리라"(마태 11,10)입니다.

그분이 오시든 우리가 가든 사랑이 왕래하게시리, 길을 닦으리.
땅 끝 서러운 민족들 탄원에 구급차 출동하게시리, 길을 닦으리.
통회와 회개가 가고 용서와 생명이 오시게시리, 길을 닦으리.

하늘 길, 바다 길, 땅 길 가리지 않고, 나 길을 닦으리.
한 사람 오지(奧地) 길 마다않고, 나 길을 닦으리.
직위, 직급, 그런 거 없어도, 나 길을 닦으리.

남모르게

대림 제4주일인 오늘 우리는 곧 오실 예수님을 기다리면서 대림시기의 마지막 주일을 보내고 있습니다.

오늘 복음에서 주인공은 요셉입니다. 요셉은 장차 오실 주님을 맞이하도록 우리 마음을 준비시켜주는 도우미로 등장합니다.

마태오 복음은 시작부분에서 "다윗의 자손이시며 아브라함의 자손이신 예수 그리스도"라고 예수님의 정체를 장엄하게 밝히고, 그분의 족보를 알려줍니다. 그리고 이어지는 내용이 바로 오늘 복음 말씀입니다.

그런데, 예수님의 유년기를 전하는 마태오 복음과 루카 복음 사이에는 차이가 있습니다. 각각 강조점이 달랐기 때문입니다.

루카 복음은 다윗 가문의 "혈통"을 강조하며, 마리아를 중심인물로 쓰고 있습니다. 그러기에 마리아가 천사로부터 수태고지를 듣고, 엘리사벳을 방문하는 식으로 이야기가 전개됩니다. 요셉은 여기서 들러리 역할을 할 뿐입니다.

반면 마태오 복음은 예수님의 "법통"을 강조하여 예수님의 법적인 아버지 요셉을 중심인물로 이야기를 전개하고 있습니다. 이는 마태오 복음이 유다인을 위한 복음서였기 때문입니다. 유다인들은 구약성경을 읽고, 메시아를 기다리던 사람들입니다. 그래서 마태오 복음 저자는 구약성경적인 표현에 따라서 이 예수님을 소개할 필요가 있었습니다. 곧 예수님이 다윗의 후손으로 입증해야 할 필요성을 알았던 것입니다.

이처럼 마태오 복음은 예수님께서 다윗의 후손이 되신 까닭을 밝힐 뿐 아니라, 한걸음 더 나아가 그분이 성령으로 말미암아 잉태되었다는 사실을 전합니다.

오늘 복음에서 예수 그리스도의 탄생 기록은 "약혼" 이야기로 시작됩니다.

"그분의 어머니 마리아가 요셉과 약혼하였는데, 그들이 같이 살기 전에 마리아가 성령으로 말미암아 잉태한 사실이 드러났다"(마태 1,18).

"성령으로 말미암아 잉태한 사실" 전모를 요셉이 알았던 것은 아닙니다. "성령으로 말미암아"라는 사실은 아직 요셉에게 계시되지 않았습니다. 그는 단지 "잉태한 사실"만 알았을 뿐입니다.

어느 날 마리아의 배가 불러오는 것을 감지한 요셉. 그의 첫 번째 반응은 당황이었을 것입니다. 그럼에도 "의로운 사람" 요셉은 사태를 침착하게 처리하려 했습니다.

"마리아의 남편 요셉은 의로운 사람이었고 또 마리아의 일을 세상에 드러내고 싶지 않았으므로, 남모르게 마리아와 파혼하기로 작정하였다"(마태 1,19).

요셉은 약혼의 의무를 어긴, 처녀의 부정행위에 돌을 던져 죽이는 것을 규정하는 신명기 22장 23-24절의 율법을 알고 있었을 것입니다.

이 율법 규정대로라면 요셉은 약혼녀 마리아를 돌로 쳐 죽이는 쪽으로 결단을 내려도 자신의 "의로움"에 전혀 훼손되지 않습니다. 하지만 요셉은 상식의 의로움을 넘어서는 인물이었습니다.

그러기에 요셉은 율법을 따라 처리하려 하지 않고 "남모르게" 마리아와 파혼하기로 작정하였습니다. "남모르게"는 그 일을 세상에 드러내지 않으려는 배려를 나타냅니다. 어차피 "파혼"은 남모르게 할 수 있는 것이 아니고 언젠가는 드러나기 때문입니다.

이런 요셉의 마음씀씀이를 복음서는 "의로운 사람"이라고 요약합니다. 그의 의로움은 당시 유다인들이 생각하던 의로움의 기준인 "율법의 철저한 준수" 차원을 넘는 의로움이었습니다. 자신은 흠도 티도 없이 살지만, 남의 허물에 대해서는 자비와 배려를 베푸는 의로움! 이 의로움은 공의하시지만 동시에 그 이상의 자비를 베푸시는 하느님의 연민을 닮은 의로움이라 할 것입니다.

요셉의 의로움은 과연 예수님의 양부답게 구약에서 신약으로 넘어가는 다리의 역할을 한다고 볼 수 있습니다.

저렇게 요셉이 파혼하겠다는 결심을 하자, 하느님께서 개입하십니다. 즉, 하느님의 천사가 요셉의 꿈에 나타나 계시의 말씀을 전합니다. 곧, 그의 약혼자 마리아가 잉태한 아기는 "성령으로 말미암은 것"임을 알려주면서 그의 이름을 "예수"라고 붙이도록 명합니다.

순둥이 요셉?! 천사로부터 계시를 전달받은 요셉은 주저함 없이 그가 들은 대로 마리아를 아내로 맞아들입니다.

"잠에서 깨어난 요셉은 주님의 천사가 명령한 대로 아내를 맞아들였다"(마태 1,24).

순명의 결단을 내리기 전, 요셉이 그에 따르는 고충을 직감하지 못했을 리 만무합니다.

우선, 동정녀 아내의 남편으로 산다는 것이 어떤 것인지 단단히 마음을 추슬러야 했을 터입니다. 더구나 가부장적인 권위가 여성의 지위를 압도하던 당시, 아내 마리아가 구원 역사의 주역으로 발탁되었다는 사실은 자신의 배역이 조연이 된다는 운명을 내포하고 있음을 받아들여야 했을 것입니다.

또한, 어쨌든 외형상 남편이요 아버지로서 가족의 보호자로 생계를 꾸려나가야 할 책임을 통감했을 것입니다.

그리고, 메시아의 아버지로서 자신의 역할에 대하여 경건한 두려움을 감수해야 했을 것입니다.

얼핏 생각에도 여간 큰 부담감이 아니었을 이 역할을 요셉은 하느님께 대한 순명의 마음으로 기꺼이 받아들였습니다.

이리하여 마리아는 합법적으로 요셉의 아내가 됩니다. 또한 성령으로 말미암아 마리아에게 잉태된 메시아는 요셉을 통하여 다윗 가문의 혈통으로 편입됩니다. 이로써 메시아는 이스라엘 민족과 이방인에게 자신의 육적 혈통과 신원을 당당히 밝힐 수 있게 된 것입니다.

이렇게 더듬어본 복음의 은혜 가운데, 더 머물고 싶어지는 말씀은 "남모르게"(마태 1,19)입니다.

남모르게 이웃의 스캔들에 함구할 수 있다면,
남모르게 사랑의 상처를 홀로 껴안을 수 있다면,

남모르게 억울한 모함에 침묵할 수 있다면,
남모르게 마지막 빵 한 조각 내어줄 수 있다면,
남모르게 굳은살 무릎으로 새벽기도 바칠 수 있다면.

남모르게

우리 가운데

예수 성탄절 대축일 낮 미사 복음 말씀으로 요한 복음이 전하
는 예수님 탄생 기록이 선정되었습니다.

사도 요한은 예수님께서 탄생하신 지 약 90년이 지나고 있을
즈음, 예수님의 일대기를 당시 상황에 부합하게 기록하였습니
다. 사도 요한 시대의 사람들에게는 예수님 탄생이야기가 다른
복음서들을 통하여 얼추 알려져 있었습니다. 그들은 그 이야기에
서 출발하여 물음을 던졌습니다.

"도대체 예수님은 본래 어떤 존재이셨나? 그분은 하느님이셨
다고 했는데, 그렇다면 성부 하느님과 예수님은 어떤 관계이신
가?"

이런 식의 물음에 대하여 사도 요한은 독특한 방식으로 답을
제시합니다. 예수님의 본질적 정체를 "말씀"이라고 밝히고, 그
말씀이 강생하여 사람이 되셨다고 진술한 것입니다.

"말씀이 사람이 되시어 우리 가운데 사셨다"(요한 1,14).

이 표현은 다소 뜬구름 잡는 느낌이 드는 게 사실입니다. 하지만 이는 실존인물 예수님으로부터 가장 사랑 받던, 막내둥이 제자 요한의 증언이기에 그 누구의 말보다도 신빙성이 있어 보입니다.

그렇다면 사도 요한은 왜 예수님의 여러 본질적 면모 가운데 "말씀"을 콕 집어냈을까요. 이는 그가 예수님의 공생활을 동행하며 목격한, 예수님의 모든 성취, 곧 치유, 구마, 온갖 기적, 가르침, 용서, 죽은 이를 살리심 등이 예외 없이 한 마디 "말씀"으로 이루어졌음을 인상 깊게 기억하고 있었기 때문일 터입니다. 성령께서는 사도 요한으로 하여금 이 기억에서 출발하여 복음서를 쓰도록 하셨습니다. 곧 예수님께서 이처럼 자유자재로 말씀의 권위를 부릴 수 있었던 것은 그분이 바로 태초에 성부 하느님 창조활동에 동역한 "말씀" 자체였기 때문이라는 사실을 밝히도록 하셨기 때문입니다.

이리하여 사도 요한은, 이 놀라운 신비를 찔끔 맛본 그 흥분으로, 저 유명한 문장을 적어 후세에 남기는 영광을 누렸습니다.

바로 이어서 예수님 탄생에 대한 요한 복음의 기록은 바라보는 이의 관점에서 소묘됩니다.

"우리는 그분의 영광을 보았다. 은총과 진리가 충만하신 아버지의 외아드님으로서 지니신 영광을 보았다"(요한 1,14).

여기서 "영광"은 우리식으로 표현하자면 "용안"에 비견됩니다. 그러니까 신적 아우라가 엄위롭게 풍기는 주님의 면모와 위용을 가리키는 것입니다. 내용적으로는 숭엄한 자비의 임장이라 할 수 있습니다.

이로써 볼 수 없는 하느님의 면면이 성자 예수님을 통하여 드러났습니다. 얼굴에서만이 아니라 존재 자체를 통하여 드러났습니다. 주님께서는 그러기를 희망하셨습니다. 이는 훗날 당신의 기도에서 확인됩니다.

"아버지, 〔…〕세상 창조 이전부터 아버지께서 저를 사랑하시어 저에게 주신 영광을 그들도 보게 되기를 바랍니다"(요한 17,24).

이런 영광을 체험하는 것은 주님을 받아들이고 주님의 이름을 믿는 주님의 자녀들이 누릴 특권이라 할 것입니다.

주님의 영광 곧 후광을 바라보면 바라볼수록, 우리 역시 그 덕을 봅니다.

우리 내면의 모방 심리는 자신이 보는 것을 무의식중에 닮으려 합니다. 그러기에 부부는 오래 살수록 서로 닮은꼴이 되어간다고 하는 말이 있는 것입니다.

"은총과 진리가 충만하신" 예수님을 자주 바라볼수록 우리에게도 어느새 은총과 진리의 향기가 솔솔 나게 되어 있습니다.

우리는 신앙생활의 연륜만큼 "인상이 참 좋다"라는 말을 들을 수 있어야 합니다.

사람들이 내 얼굴을 보면, 얼른 자비와 용서를 떠올릴 수 있어야 합니다.

사람들이 내 눈을 보면, 연민의 그윽함을 볼 수 있어야 합니다.

사람들이 내 귀를 보면, 경청하는 겸손을 떠올릴 수 있어야 합니다.

사람들이 내 코를 보면, 낮은 데로 향하는 배려를 느낄 수 있어야 합니다.

사람들이 내 입술을 보면, 스스로 진중하기를 결심할 수 있어야 합니다.

다 그랬으면 더욱 좋겠지만, 이 중 하나라도 이루어진다면 부끄러운 대로 신앙의 보람이 될 것입니다.

이렇게 더듬어본 복음의 은혜 가운데, 잠시 더 머무르고 싶어지는 말씀은 "우리 가운데"(요한 1,14)입니다.

오늘은 얼마나 기쁜 날인가.
오늘 말씀이 사람이 되시어 우리 가운데 사신다니.

친구가 되어 주시려고 "우리 가운데" 우리 사이에,
동행이 되어 주시려고 "우리 가운데" 우리 마음 안에,
구원이 되어 주시려고 "우리 가운데" 우리 고난 복판에,
생명이 되어 주시려고 "우리 가운데" 우리 죽음을 관통하여,
그날 그 운명의 날 우리에게 변론이 되어 주시려고 "우리
가운데" 우리 수고의 일점일획에마다,
…
얼마나 복된 날인가, "우리 가운데" 살아 주신다니.

우리 가운데

곰곰이

　교회는 매해 첫날 1월 1일을 "천주의 성모 마리아 대축일"로 정하여 성모 마리아의 특은을 기리면서, 한 해 내내 유효할 천주님의 강복을 위한 전구를 희원합니다.

　"천주의 성모 마리아"라는 표현을 처음 사용한 것은 에페소공의회(431년)로서, 그 목적은 성자 예수님의 신성을 천명하고자 함이었습니다. 따라서 "천주의 성모 마리아"라는 호칭은 마리아께서 성자 예수님의 강생을 도우심으로써 인류를 죄로부터 구원하는 데 결정적인 역할을 하셨음을 기려 마땅하다는 의미를 지닌다 하겠습니다.

　이런 취지에서 볼 때, "천주의 성모 마리아"를 온전히 기리기 위해서는, 예수님의 탄생, 유소년기의 성장과 교육, 청년기의 열정, 그리고 십자가 죽음에 이르기까지 공생활의 구원활동을 동행하신 성모 마리아의 성별된 모성을 면면이 조명하는 것이 도리일 것입니다.

그렇다면, 마리아는 천주의 성모로서 어떤 여인이었는가? 의당 이 물음이 오늘 말씀 묵상의 초점이겠습니다. 오늘 복음은 아기 예수님의 탄생 직후의 일을 내용으로 합니다. 즉, 목동(=목자)들이 구유에 뉘인 아기 예수를 찾아와 전해드린 말이 일으킨 반응에 대해서 언급합니다.

이야기는 이렇게 시작됩니다.
"그때에 목자들이 베들레헴으로 서둘러 가서, 마리아와 요셉과 구유에 누운 아기를 찾아냈다"(루카 2,16).
"서둘러" 갔다는 표현에서 목자들이 구원자의 탄생을 어떤 기쁨과 흥분으로 반겼는지가 느껴집니다. 그들은 지체 없이 달려가서 마구간의 성가정을 찾아냈습니다. 그리고 뜸 들이지 않고 말을 전했습니다.
"목자들은 아기를 보고 나서, 그 아기에 관하여 들은 말을 알려주었다"(루카 2,17).
목자들이 들은 말은 천사들로부터 전해들은 것이며, 내용은 구세주 탄생에 대한 것이었습니다.
"두려워하지 마라. 보라, 나는 온 백성에게 큰 기쁨이 될 소식을 너희에게 전한다. 오늘 너희를 위하여 다윗 고을에서 구원자가 태어나셨으니, 주 그리스도이시다. 너희는 포대기에 싸여 구유에 누워 있는 아기를 보게 될 터인데, 그것이 너희를 위한 표징이다"(루카 2,10-12).

말을 꾸밀 줄도 보탤 줄도 몰랐던 목자들은 이 말을 그대로 옮겨 전했습니다. 들은 이들은 모두 "놀라워하였"(루카 2,18)습니다. 이는 분위기상 긍정의 반응입니다.

하지만 마리아의 반응은 예사롭지 않았습니다. 그 남다름에 대하여 복음서는 이렇게 기록합니다.

"이 모든 일을 마음속에 간직하고 곰곰이 되새겼다"(루카 2,19).

여기서 "일"이라고 번역된 그리스어는 "레마"(rhema)로서 이는 본디 "말씀" 또는 "발해진 말"을 뜻합니다. 그러니까 내용적으로는 마리아가 전해들은 "말(씀)"을 가리킨다 하겠습니다.

"마음속에 간직하고"는 마리아가 전해들은 말씀을 그 자리에서 다 이해하지는 못했지만 하느님을 향한 믿음으로 일단 받아들였음을 뜻합니다. 하느님의 말씀은 인간의 지혜로만 이해하기엔 훨씬 심오하고 경이로운 신비를 내포하고 있음을 마리아는 알았던 것입니다.

마리아의 순박한 지혜는 "곰곰이 되새겼다"는 단어에서 물씬 드러납니다. "선하신 하느님 말씀이시니 어련하시랴"라는 생각이 이 자세에서 묻어나니, 이는 순박함의 발로입니다.

또한 "전지전능하신 하느님의 뜻이라면 허투루 듣고 넘길 일이 아니지"라는 속삭임이 이 태도에서 들려오니, 이는 지혜의 발로라 하겠습니다.

이렇듯이 마리아는 말씀 속에 담긴 하느님의 뜻을 알아듣기 위해 하느님께서 명오를 열어주시기를 기다리며 숙고할 줄 아는 "속 깊은" 여인이었습니다. 물론, 그 뒤에는 신중과 겸손의 덕이 자리하고 있었을 터입니다.

한편, 천사들이 알려준 "아이"에 관한 이야기를 전해들은 마리아 못지않게, 그 이야기의 전령 역할을 했던 목자들 역시, 우리에게 신선한 영감이 되고 있습니다.

"목자들은 천사가 자기들에게 말한 대로 듣고 본 모든 것에 대하여 하느님을 찬양하고 찬미하며 돌아갔다"(루카 2,20).

여기서 목자들이 하느님을 찬양하고 찬미할 수 있었던 것은 그들이 천사로부터 들은 그대로를 보았기 때문입니다. 목자들은 하늘이 열리는 듯한 표징 속에서 "지극히 높은 곳에서는 하느님께 영광 땅에서는 그분 마음에 드는 사람들에게 평화!"(루카 2,14)라는 말씀을 들었고, 그 말씀대로 아기 예수님을 보았습니다. 그리고 그들은 "하느님을 찬양하고 찬미하며" 자신들 일상으로 돌아갔습니다.

이제 찬양과 찬미는 그들의 일상을 기쁨과 희망으로 바꾸어 놓을 것입니다. 그리고 이는 새로운 은혜의 출발점이 될 것입니다. 그 이유는 찬양과 찬미의 속성 때문입니다. 찬양과 찬미는 축복의 선순환을 가동시키는 하나의 결정적인 고리인 것입니다.

놀라운 은총의 체험이 찬양과 찬미를 낳고, 다시 찬양과 찬미로 인하여 새로운 차원의 은혜가 임하는 이 신비, 오늘 우리를 위한 "영성의 블루 오션"이라 할 수 있습니다.

이렇게 더듬어본 복음의 은혜 가운데, 새해 첫날인 오늘 더욱 머물고 싶어지는 말씀은 "곰곰이"(루카 2,19)입니다.

얼른 알아지지 않으면 일단 생각 속에 맡겨 두자.
알겠는 듯해도 좀 더 숙고 속에 넣어 두자.
그것이 곰삭으면, 번쩍하고 뜻이 스쳐오리라.

도무지 영문이 아리송하면 마음속에 쟁여 두자.
앙심조차도 그저 쿨하게 마음속에 묻어 두자.
숙성이 그윽해지면, 쓴맛도 단맛으로 변해 있으리라.

그것이 주님의 기별이라면 즉시 몸에 품어 두자.

그것이 말씀의 약속이라면 무조건 뼈 속에 가둬 두자.
때가 무르익으면, 반드시 이루어지리라.

곰곰이

보물 상자를 열고

교회는 성탄절 이후 두 번째 주일을 "주님 공현 대축일"로 지냅니다. 동방박사들이 별의 인도로 아기 예수님을 찾아와 경배한 역사적 사실을 기리기 위함입니다.

참고로, 현재 우리는 동방박사들이 세 사람이라고 생각을 합니다. 그리고 이 세 사람의 이름을 6세기부터 가스팔(Gaspar), 멜키올(Melchior), 발타살(Balthasar)이라고 불렀습니다. 사실 성경에서 동방박사가 세 사람이라는 직접적인 언급은 없습니다만, 우리가 동방박사를 세 사람이라고 믿는 이유는 그들이 바친 세 가지 예물에 기인합니다. 그리고 아기 예수님을 경배하는 세 명의 동방박사 그림이 로마 카타콤바에 있는 것으로 보아, 초생교회 때부터 동방박사의 경배가 숭경받았음을 알 수 있습니다.

오늘 복음 말씀은 예수님 탄생에 대한 언급으로 시작합니다.

"예수님께서는 헤로데 임금 때에 유다 베들레헴에서 태어나셨다"(마태 2,1).

이렇게 탄생지명을 적시한 것은 메시아이신 예수님의 탄생이 구약에서 미리 선포되었던 예언의 성취임을 강조하기 위해서였습니다.

"유다 베들레헴"이라는 지명은 다윗의 후손으로 예수님의 혈통을 내세우는 데 매우 유익한 사실적 조건이었습니다. 왜냐하면 베들레헴은 다윗의 출생지요 고향으로서, 그의 정치적 아성이기까지 하였기 때문입니다(1사무 16,1; 17,12; 20,6 참조).

복음서는 동방박사들이 별의 인도로 "유다인의 왕으로 태어나실 분"을 찾아 먼 길을 온 끝에, 예루살렘에 당도하여 예고된 장소를 묻는 이야기를 전합니다. 이에 헤로데 왕이 수석사제들과 율법 학자들에게 질문을 넘기고, 그들은 수소문 끝에 결과를 보고하기에 이릅니다.

"유다 땅 베들레헴아 너는 유다의 주요 고을 가운데 결코 가장 작은 고을이 아니다. 너에게서 통치자가 나와 내 백성 이스라엘을 보살피리라"(마태 2,6).

이 말씀은 예수님의 탄생지로 베들레헴이 택함 받은 사실에 대해, 미카 예언서 5장 1절과 사무엘기 하권 5장 2절을 짜깁기로 인용한 것입니다.

말씀의 강조점은 베들레헴이 유다의 주요 고을 가운데 "가장 작은 고을이 아니다"라는 사실에 있습니다. 그런데 이는 얼핏 그 원문인 미카 예언서 5장 1절의 "너 에프라타의 베들레헴아 너는 유다 부족들 가운데에서 보잘것없지만"이라는 표현과 상반되게 읽힙니다. 하지만 깊이 짚어보면 내용은 일맥상통합니다. 비록 겉으로 보기에는 초라해 보이지만, 그곳이 "통치자" 곧 메시아의 탄생지가 될 것이기에, 결과적으로는 큰 고을인 셈이라는 의미가 되기 때문입니다.

이는 우리에게 매우 중요한 사실을 깨닫게 해줍니다.

바로 이 세상 것들의 중요성을 결정짓는 가장 비중 있는 인자가 예수 그리스도와의 관계성이라는 사실입니다!

아무리 작은 것도 예수 그리스도께서 함께해 주시면 그것은 큰 것입니다.

아무리 하찮은 것도 예수 그리스도께서 훌륭하게 여겨주시면 그것은 훌륭한 것입니다.

아무리 미천한 사람도 예수 그리스도께서 귀하게 써주시면 그는 귀한 사람입니다.

한편, 마침내 별의 인도로 아기 예수님께 당도한 동방박사들은 기쁨에 벅차 경배하였습니다.

"그 집에 들어가 어머니 마리아와 함께 있는 아기를 보고 땅에 엎드려 경배하였다"(마태 2,11).

유다의 왕 헤로데가 아기를 살인하려는 음흉한 생각으로 마음이 굳어져 있을 때, 동방에서 온 이 이교도들은 그 아기 앞에 무릎을 꿇습니다. 이로써 그들은 적어도 30년 후 모든 민족들이 주님께 드리게 될 경배의 시작을 열었습니다.

나아가 그들은 자신들의 정성을 대신하여 예물을 바쳤습니다.

"또 보물 상자를 열고 아기에게 황금과 유향과 몰약을 예물로 드렸다"(마태 2,11).

복음서는 "경배"에 이은 다음의 행위를 "또 보물 상자를 열고"라고 묘사합니다. 이 표현은 동방박사들의 머나먼 여정을 돌이켜 보게 해줍니다. 어쩌면 그들이 중도에서 돌아가고 싶어졌을 때, 그들로 하여금 다시 여행 채비를 갖추도록 재촉했던 것이 여기 이 "보물 상자"였을지도 모르기 때문입니다.

"열고"라는 단어는 우리네 정감과 정성을 풍기는 "바리바리 싸서"라는 향토어를 연상시켜주기까지 합니다.

보물 상자에 담긴 것은 과연 이 긴장감에 어울리는 것이었습니다.

"황금"은 예수 그리스도의 왕직에 걸맞은 예물입니다. 자고로 동서를 막론하고 황금은 왕의 권위를 드러내는 보석으로 통했습니다.

"유향"은 그리스도의 예언직에 걸맞은 예물입니다. 유향은 전례용으로도 쓰였지만 다른 한편으로는 귀한 분에게 쓰였습니다. 당시 귀한 분은 예언자였습니다. 그가 전하는 하느님 말씀이 귀하기 때문이었습니다. 그래서 유향은 예수 그리스도의 예언직에 어울리는 예물이라고 볼 수 있습니다.

"몰약"은 그리스도의 사제직에 걸맞은 예물입니다. 몰약은 시체가 썩는 것을 방지하기 위해 바르는 방부제로서 이는 당시 장례를 치를 권한이 있던 제사장이 쓸 수 있는 것이었습니다.

이들 세 가지 선물은 동방박사들이 별의 인도로 만나게 될 그 인물의 위대한 역할에 어떤 형식으로든 왕직, 예언직, 그리고 사제직이 포함된다고 내다보았음을 가리킵니다. 이는 그들 안을 비추는 내적 별빛인 성령의 비추임 덕 아니었을까요.

중요한 것은 동방박사들이 연약하기 짝이 없는 젖먹이 아기에게 경배를 하고 예물을 바쳤다는 사실입니다. 그들은 어떤 보상도 기대할 수 없었습니다. 잘 보여서 나중에 득 볼 일도 없었습니다. 아마도 그들은 그 아기가 장성하여 자신의 역할을 할 무렵이 되면, 자기들은 더 이상 이 세상 사람이 아닐 것이라는 점도 예상했을 것입니다.

아무 대가도 기대하지 않는 경배와 예물 봉헌! 이야말로 하느님 아버지께서 실로 기뻐하실 참 예배입니다.

오늘 더듬어본 복음의 은혜 가운데, 더 머물고 싶어지는 말씀은 "보물 상자를 열고"(마태 2,11)입니다.

> 하늘과 땅 다스리실 그분 이름에, 황금 충심 조공하고 싶었지.
> 만년의 약속 선포하실 그분 이름에, 유향 찬미 노래하고 싶었지.
> 죽음의 굴레 매장하실 그분 이름에, 몰약 예절 찬조하고 싶었지.
>
> 꿇은 무릎으로,
> 보물 상자를 열고,
> 모래 길 걸어온 정성을 바치고 싶었지.

보물 상자를
믹2

알지 못하였다

오늘 복음 말씀에서 우리는 세례자 요한의 고백을 통해 예수님의 모습, 곧 예수님의 정체성과 사명에 관한 진술을 듣게 됩니다.

제자들과 함께 있던 세례자 요한은 예수님께서 자신을 향해 오시는 것을 보고 화들짝 놀라 말합니다.

"보라, 세상의 죄를 없애시는 하느님의 어린양이시다"(요한 1,29).

지금 세례자 요한이 흥분하고 있습니다. "보라"라는 한 단어에서 그 기운이 느껴지는 것입니다. 이는 "오, 저분을 또 다시 면전에서 보다니!" 정도가 되겠습니다.

"어린양"은 유다인에게 여러 가지를 떠오르게 해주는 단어입니다. 구약에서 "어린양"은 율법 규정에 따라 주로 속죄 제사 때 사용되었습니다. 또한 이 "어린양"은 이스라엘 백성들을 죽음에서 구원하는 파스카의 어린양(탈출 12,5 참조)을 기억시키고도 있습니다.

나아가 이 단어는 예언자 이사야의 "고난 받는 종의 넷째 노래" 가운데 "도살장에 끌려가는 어린 양처럼"(이사 53,7)이라는 문구를 상기시켜줍니다.

이들을 종합할 때, "세상의 죄를 없애시는 하느님의 어린양"이라는 말은 세상의 죄를 없애시기 위해 스스로를 대속 제물로 바치실 메시아를 가리키는 것으로 알아들을 수 있습니다.

물론 당시로서는, 말을 하는 세례자 요한이나 듣는 제자들이나 이 말이 예수님의 십자가 제사를 의미한다고까지는 전혀 상상할 수 없었을 것입니다.

그러나 세례자 요한의 입술로 표현된 이 증언은, 결과적으로, 불과 3년도 못되어 주님의 십자가 희생을 통하여 사실이 되었습니다.

세상의 죄를 없애시는 하느님의 어린양! 오늘 우리는 예수님을 이렇게 부르지 않습니다. 그저 "그리스도"라고만 부를 뿐입니다.

하지만 우리는 "그리스도" 호칭을 사용할 때마다 "세상의 죄를 없애시는 하느님의 어린양"이란 고백적 표현을 떠올릴 줄 알아야 합니다. 왜냐하면 이 표현이 바로 그리스도란 낱말의 실제적 정의이기 때문입니다.

차제에 우리는 무슨 일이 있어도 절대 기준 하나를 확인해둘 필요가 있습니다.

"세상의 죄를 없애시기 위하여 십자가 희생을 치르지 않은 그리스도는 가짜다. 그런 그리스도는 없다. 베드로 사도가 고백하듯이 우리를 구원할 이름은 오직 예수 그리스도다."

바로 이 기준 말입니다.

다시 복음 말씀으로 돌아가 보자면, 세례자 요한은 예수님께 세례를 준 당사자로서 목격한 것을 이렇게 증언합니다.

"나는 성령께서 비둘기처럼 하늘에서 내려오시어 저분 위에 머무르시는 것을 보았다"(요한 1,32).

성령께서 예수님께로 내려오시어 예수님 위에 머무르신다는 것은 예수님의 메시아직 수행에 성령께서 동행하고 계심을 뜻한다고 볼 수 있습니다. 이는 또한 예수님께서 "성령으로 세례를 베푸신다"는 세례자 요한의 언급과도 상관지어 이해할 수 있습니다.

이윽고, 세례자 요한의 증언은 이제 결론에 이릅니다.

"과연 나는 보았다. 그래서 저분이 하느님의 아드님이시라고 내가 증언하였다"(요한 1,34).

세례자 요한이 본 것은 세례 때 일어난 성령의 강림이었습니다. 그것을 보고 그는 예수님께서 하느님의 아드님이라는 확신을 갖게 되었습니다. 이는 그가 두 번이나 "나도 저분을 알지 못하였다"(요한 1,31.33)라고 강조했던 말을 뛰어넘는 사건이었습니다.

어쩌면 예수님 위에 내려와 머무르신 성령께서 그 장면을 목도하고 있는 세례자 요한의 명오까지 열어주셨는지도 모릅니다. 아니 그랬을 것입니다. 그랬기에 그는 "저분이 하느님의 아드님이시다"라고 증언할 수 있었을 터입니다.

여기서 우리의 주목을 끄는 것은 "내가 증언하였다"라는 세례자 요한의 말입니다.

그렇습니다. 세례자 요한의 사명은 "증언"이었습니다. 예수님께서 하느님의 아드님이며 오시기로 약속된 메시아라면, 세례자 요한은 그것을 증언해야 할 사명을 띤 사람이었습니다. 예수님이 빛이라면, 세례자 요한은 그 빛을 모든 이들이 믿도록 증언해야 할 사람(요한 1,7-8 참조)이었습니다. 예수님이 말씀이라면, 세례자 요한은 그 말씀을 선포하고 증언해야 할 목소리(요한 1,15.23 참조)였습니다.

하느님의 은혜를 본 사람은 마땅히 그것을 증언할 사명을 지닌다는 사실을 잊지 말아야 할 것입니다.

예수님을 만남으로 더 큰 행복을 만났음을 증언할 수 있다면, 그리스도를 만남으로 더욱 잔잔한 평화를 누리고 있음을 증언할 수 있다면, 예수 그리스도를 만남으로 지상에서 이미 영원한 생명을 살고 있음을 증언할 수 있다면, 그는 복된 사람입니다.

오늘 더듬어본 복음의 은혜 가운데, 더 머물고 싶어지는 말씀은 "알지 못하였다"(요한 1,31)입니다.

저에 대한 당신 관심이 이토록 집요한지, 알지 못했습니다.
저를 향한 당신 연민이 이토록 끔찍한지, 알지 못했습니다.
저를 지키는 당신 눈동자가 이토록 부지런한지, 알지 못했습니다.

알지 못하였다

물러 가셨다

오늘 복음 말씀은 예수님 복음 선포 활동의 본격적인 출발에 대해 전해줍니다.

마태오 복음은, 요한이 헤로데 안티파스에 의해 잡힌(마태 14,3-12 참조) 직후, 예수님의 본격적인 구원활동이 시작되었다고 기술합니다.

"예수님께서는 요한이 잡혔다는 말을 들으시고 갈릴래아로 물러가셨다"(마태 4,12).

"요한이 잡혔다는 말을 들으시고"는 예수님께서 그 시점을 당신 활동의 적절한 타이밍으로 여기셨음을 뜻합니다.

왜 그러셨을까요? 짐작건대, 그 이유는 "때"(카이로스: kairos)에 대한 높은 지혜의 발로였다고 여겨집니다. 한동안 세례자 요한의 본격 활동과 예수님의 예비 활동이 겹쳐진 시기가 있었습니다. 당시 세례자 요한에게는 그를 뒤따르는 제자단이 있었고, 예수님께선 아직 활동의 기지개만 슬슬 켜고 계셨습니다. 자칫하면 제자들 사이에 경쟁과 충돌이 있을 수 있기에 예수님께서는 본격 활동을 자제하고 계셨습니다.

활동의 때는 두 인물을 세상에 보내신 성부 하느님께서 정해주실 것이며, 예수님께서는 순명하는 마음으로 조심스럽게 그때를 기다리셨을 것입니다. 그리고 요한의 시기가 마지막에 이르러가고 있음을 확신하셨을 때, 당신의 활동을 시작하셨던 것입니다.

드디어 때가 왔습니다. 예수님께서는 활동 개시를 위하여 일부러 변방으로 "물러가셨"습니다. 내려가신 곳은 갈릴래아였습니다.

복음은 예수님의 거주지로 갈릴래아 지역 "카파르나움"을 언급하며, 이사야 예언자의 예언 말씀(이사 8,23―9,1 참조)을 다소 변경, 인용하면서 예수님께서 카파르나움에 복음전파의 둥지를 트신 까닭을 이렇게 밝힙니다.

"즈불룬 땅과 납탈리 땅 바다로 가는 길, 요르단 건너편 이민족들의 갈릴래아, 어둠 속에 앉아 있는 백성이 큰 빛을 보았다. 죽음의 그림자가 드리운 고장에 앉아 있는 이들에게 빛이 떠올랐다"(마태 4,15―16).

변방에 내처진 땅, 고통스런 삶의 여정을 살아 온 땅, 바로 그 땅에서 메시아와 관련된 희망의 미래가 선포되고 있는 것입니다.

이민족들이 사는 이곳에 빛이 떠오른다는 의미는 모든 민족을 포함하는 하느님의 보편적 구원계획이 이제 시작되었다는 사실을 나타냅니다.

그런 이유로 예수님의 초기 활동반경 중심에 카파르나움이 자리하고 있었습니다. 이곳은 카나에서의 혼인잔치 기적 이후 예수님께서 가족과 함께 며칠 동안 머무신 곳이며(요한 2,12 참조), 베드로와 안드레아 형제의 집이 있는 곳(마르 1,29 참조)이기도 했습니다.

바로 그곳에서 예수님께서 선포하신 메시지는 간결했습니다. "회개하여라. 하늘 나라가 가까이 왔다"(마태 4,17).

마르코 복음에는 이 선포에 "복음을 믿어라"라는 말이 추가되어 있습니다. 시대적으로 마르코 복음서가 마태오 복음서보다 먼저 기록되었음을 고려할 때, 마태오 복음 저자가 일부러 생략한 것으로 보입니다.

그 의도는 금세 짐작됩니다. 앞서 언급했듯 마태오 복음은 유다인, 특히 율법에 밝은 유다인들을 독자로 삼아 기록되었습니다. 유다인들에게는 "하늘 나라가 가까이 왔다"는 표현 하나에 메시아의 탄생과 활약, 그리고 메시아에 대한 자신들의 믿음 요청 등이 다 포함되는 것이었습니다. 그기에 마태오 복음 저자는 굳이 "이 복음을 믿어라"라는 말을 할 필요가 없다고 여겼던 듯합니다.

또한 마태오 복음은 다른 복음서가 주로 사용하는 "하느님 나라"라는 용어 대신에 "하늘 나라"라는 용어를 사용하고 있습니다. 이 역시 유다인들을 위한 배려에서였습니다. 유다인들은 십계명 중 "하느님의 이름을 함부로 부르지 마라"라는 제2계명에 충실을 기하기 위하여 평소에도 "하느님"이라는 호칭 대신에 "하늘"이라는 호칭을 쓰는 것을 지혜로운 관례로 여겨왔습니다. 그런 취지에서 "하늘 나라"라는 표현을 쓰고 있는 것이라 볼 수 있습니다. 유의할 점은 "하늘 나라"는 내용적으로 "하늘에 있는 나라"가 아니라 "하늘스런 나라"를 뜻한다는 사실입니다.

그런데 "회개하여라. 하늘 나라가 가까이 왔다"는 선포는 외형상 세례자 요한의 선포와 똑같습니다(마태 3,2 참조).

그러나 두 선포 사이에는 엄연한 질적 차이가 있습니다. 세례자 요한은 하늘 나라가 가까이 왔음을 예고한 데 지나지 않지만, 예수님께서는 하늘 나라를 실제로 실현하기 시작하십니다. 또한 세례자 요한은 죄인들을 임박한 종말의 심판으로 위협하지만, 예수님께서는 곧 실현될 구원의 기쁜 소식을 선포하고 계십니다. 곧 세례자 요한의 선포가 그림자와 같은 것이라면, 예수님의 선포는 실재인 것입니다.

어쨌든 예수님의 이 선포에서 "가까이 왔다"라는 말은 두 가지 의미를 가지고 있습니다.

첫째로, 하늘 나라가 "다가오고 있다"는 뜻입니다. 이는 먼 미래를 가리키지 않습니다. "지금 여기"와 있지만 "아직 온전히 온 것이 아님"을 말해준다고 이해하는 것이 더 옳겠습니다. 예수님의 임재와 활동 그 자체로 하늘 나라가 이 땅에 임하기는 했지만, 그것의 완성은 종말까지 유보되어 있는 것입니다.

둘째로, 하늘 나라가 "가까이에 있다"는 뜻입니다. 이는 "지금 여기"와 있는 하느님 나라에 대한 부연 설명입니다. 즉 하늘 나라는 문 앞에 있고, 인간 도시의 성벽 밑에, 그리고 역사의 변두리에, 작고 가난한 이들 곁에 가까이 있다는 얘기입니다. 결론적으로 굳이 먼 데서 찾지 말라는 말씀이라고 할 수 있습니다.

지금까지 더듬어본 복음의 은혜 가운데에서, 더 머물고 싶어지는 말씀은 "물러가셨다"(마태 4,12)입니다.

인류를 보듬기 위하여 변방 후미진 곳으로, 물러가신다.

영원을 아우르기 위하여 퇴락의 지대로, 물러가신다.

어디일까?

목적지를 모른 채 달음박질하는 오늘의 군상이
물러가야 할 곳.

물러 가셨다

행복하여라

오늘 복음에서 예수님께서는 군중을 보시고 산에 올라 자리에 앉으셔서 여덟 가지 참 행복을 선언하십니다.

여덟 가지 행복선언은 항상 "행복하여라"라는 단어로 시작됩니다. 그리스어로 "마카리오이"(makarioi)인데, 이 말은 특히 신적인 행복, 천복, 위로부터 오는 행복을 나타낼 때 쓰입니다. 바꾸어 말하면 이 말은 최상의 행복을 가리킨다고 할 수 있습니다. 결국 이 단어는 이 행복에 맛들이면 그동안 우리가 세상에서 누려왔던 행복은 별것이 아니었음을 깨닫게 된다는 암시가 됩니다.

주님께서 첫 번째 참 행복으로 꼽으신 것은 "마음의 가난"입니다. "행복하여라, 마음이 가난한 사람들! 하늘 나라가 그들의 것이다"(마태 5,3).

이 첫 번째 선언은 말 그대로 첫 번째 곧 "으뜸" 행복을 뜻하면서, 동시에 여덟 가지 전체의 "기본"을 가리키기도 합니다.

어떻게 그럴까? 문장과 단어의 속뜻을 헤아려보면 이 두 가지가 함의되어 있음을 알 수 있습니다.

이 문장에서 "가난한 사람들"을 가리키는 그리스어 "프토코이"(ptochoi)는 스스로 생계를 유지할 수 없는 극빈자를 뜻합니다. 곧 부유한 사람에 비해 적게 가진 궁핍한 사람이 아니라 아예 아무것도 없어서 누군가의 도움을 필요로 하는 절대빈곤의 처지에 있는 사람을 뜻합니다.

중요한 사실은 하느님께서 이런 극빈자들의 보호자로 자처하심을 구약의 곳곳에서 볼 수 있다는 것입니다. 과부와 고아와 나그네를 끔찍이도 돌보아주시고 그들을 위해 "약자보호법"까지 제정해주시는 분이 하느님이십니다. 그러기에 구약의 백성들에게는 암암리에 "가난한 사람들, 그들은 하느님의 편애를 받는 이들, 그리하여 행복한 이들!"이라는 공식이 성립했습니다. 예를 들면, "가난한 이들이 이를 보고 즐거워하리라. 하느님을 찾는 이들아, 너희 마음 기운 차려라"(시편 69,33)라는 말씀이 바로 그런 류의 믿음을 대변합니다.

그런데 마태오 복음에서는 "가난한 사람들" 앞에 "마음이"가 더해져 "마음이 가난한 사람들"이라 표기되어 있습니다. 여기서

"마음이"라고 번역된 그리스어는 "프뉴마티"(pneumati)입니다. 이 단어의 명사형 "프뉴마"(pneuma)는 본래 "영", "바람", "호흡" 등을 나타냅니다. 따라서 "마음이"는 "영으로"라고 알아듣는 것이 좋을 것입니다. "영으로"는 "하느님과의 관계에서" 또는 "하느님 면전에서"라는 뜻을 지닙니다. 그러기에 "마음"이 가난한 것은 혼자의 사안일 수 있으나, "영"이 가난한 것은 하느님과의 관계에서 성립되는 상태인 것입니다.

"영으로 가난한 사람들"이란 표현은 "가난한 사람들"의 제약을 해제하고 가난의 지평을 넓혀줍니다. 할 수 없이 생계가 곤란한 가난한 사람들뿐 아니라, 하느님 앞에 무릎을 꿇고 마치 하느님 도움이 없이는 단 하루도 연명할 수 없는 듯 스스로를 낮춰 하느님 은총에 기대어 사는 이들까지 포괄해주는 표현입니다.

결국, "영으로 가난함"은 뒤따르는 다른 행복의 주인공들이 모두 갖추어야 하는 기본이라고 할 수 있습니다. 하느님께 무릎을 꿇고 은총을 청할 줄 아는 것이야말로 믿음의 기초인 것입니다.

물론, 영으로건 그냥이건 "가난" 자체가 아니라, 그 "가난"을 통해서 누리는 하느님의 은총이 참된 행복의 이유입니다. 그러기에 마태오 복음은 행복선언의 첫 번째 주인공인 "마음이 가난한 사람들"과 마지막 주체인 "의로움 때문에 박해를 받는 사람들"(마태 5,10)에 현재형 동사 시제를 사용하여 "하늘 나라가 그들의 것이다"라고 선언하고 있습니다. 이에 비할 때 나머지 여섯 가지 행복선언은 미래형입니다.

사실 "하늘 나라"는 신앙인이 바라는 모든 것을 포함합니다. 그러기에 "하늘 나라"를 소유한 사람은 당연히 으뜸행복을 누리는 사람이라고 말해도 억지가 아닌 것입니다.

참 행복 가운데 특별한 해설이 필요한 또 하나의 대목이 "온유한 사람들"에 대한 선언입니다.

"행복하여라, 온유한 사람들! 그들은 땅을 차지할 것이다"(마태 5,5).

"온유한 사람들"로 번역된 그리스어는 "프라에이스"(praeis)입니다. 이는 "프라우스"(praus)에서 파생된 단어로서 "겸손한"이라는 뜻을 지닙니다. 성경적으로 이 용어는 히브리어 "아나빔"(anawim) 과 같은 의미로 쓰입니다. "아나빔"은 주어진 것에 순응하여 사는 이들을 가리킵니다. 곧 폭력적 저항보다 비폭력 무저항에 익숙한 이들을 가리킵니다. 이들은 지배하거나 압도하려는 욕심과는 거리가 멉니다.

이에 비할 때 우리 말로 "온유한 사람"은 그저 착하고 선한 사람을 가리키는 경향이 있습니다. 여기에 성경적인 의미가 보태질 필요가 있습니다. 그렇게 될 때, 온유는 상대의 뜻을 존중하며 기꺼이 받아들일 줄 아는 덕을 가리킨다고 볼 수 있습니다.

요컨대, 성경적으로 온유는 하느님과의 관계에서는 "순명"을 가리키며, 사람과의 관계에서는 "겸양"의 덕이 되는 것입니다.

바로 이런 의미에서 마태오 복음은 주님의 온유에 대하여 다음과 같이 언급합니다.

"나는 마음이 온유하고 겸손하니 내 멍에를 메고 나에게 배워라. 그러면 너희가 안식을 얻을 것이다"(마태 11,29).

여기서 예수님께서 스스로를 온유하다고 하신 것은 아버지의 뜻을 이행하려는 순명의 마음가짐을 드러내신 것이라고 볼 수 있습니다.

온유한 사람은 "땅"을 차지할 것이라고 했습니다. 이 땅은 아브라함을 축복하며 그에게 약속하신 "젖과 꿀이 흐르는 가나안 땅"(창세 12,5 참조)을 상기시켜줍니다. 당시 아브라함에게 땅은 가장 현실적인 축복, 곧 생계와 풍요의 보장이었기에, 오늘의 말로 일반화시키면 땅은 "풍요의 터전"쯤이 될 것입니다.

행복선언을 종결짓는 예수님의 마지막 말씀은 사뭇 비장합니다.

"행복하여라, 의로움 때문에 박해를 받는 사람들! 하늘 나라가 그들의 것이다"(마태 5,10).

박해받는 이들의 행복을 선언하시다가, 예수님께서는 내친김에 박해의 구체적인 양상을 묘사해주십니다.

"사람들이 나 때문에 너희를 모욕하고 박해하며, 너희를 거슬러 거짓으로 온갖 사악한 말을 하면, 너희는 행복하다!"(마태 5,11)

이제는 행복선언을 넘어 격려의 말씀까지 보태주십니다.

"기뻐하고 즐거워하여라. 너희가 하늘에서 받을 상이 크다"(마태 5,12).

굳이 뜻풀이가 필요 없는 말씀들입니다. 다만 그런 일이 닥칠 경우를 대비하여 다음과 같은 영적 매뉴얼을 작성해보는 것도 지혜 가운데 하나일 것입니다.

"의로움 때문에 주님 때문에 복음 때문에 어떤 유형의 박해를 받는 일이 생기더라도, 결코 억울하게도 슬프게도 여기지 말자. 그것은 피해가 아니라 공로다. 수치가 아니라 자랑이며, 원통함이 아니라 기쁨이다. 하늘에서 받을 상이 크기 때문이다."

정녕 박해받는 일이 생길 때를 위하여, 사도 베드로의 응원을 기억해둘 일입니다.

"불의하게 고난을 겪으면서도, 하느님을 생각하는 양심 때문에 그 괴로움을 참아 내면 그것이 바로 은총입니다"(1베드 2,19).

이렇게 복음의 은혜를 더듬어 봤습니다. 그 가운데 더 머물고 싶어지는 말씀은 "행복하여라"(마태 5,3 외)입니다.

행복선언은 인생답안지다.
어느 날 하늘에서 뚝 떨어진 답.

복되도다, 여덟 부류의 사람들!
행복선언은 말한다.
"이제 더 이상 헤매지 마라. 무엇하자는 인생이냐? 이런 질
문 던지지 마라. 두말할 필요 없이 인생의 목적은 일단 행
복이다. 그러면 삶은 결국 뭐냐? 삶은 행복을 위한 생명의
움직임이다. 그러면 어떻게 하면 행복할 것이냐? 그 방법
이 여덟 가지가 있다."
우리에게 이렇게 호언한다.

행복하여라

산 위의 고을

예수님 가르침의 정수인 "산상수훈" 가운데 지난주 복음 말씀은 "참된 행복 여덟 가지"에 대한 가르침이었습니다.

연중 제5주일인 오늘 복음 말씀은 바로 그 뒤에 이어지는 "빛과 소금"에 빗댄 가르침을 전합니다.

알려져 있듯이, "산상수훈"은 그리스도인의 기본 덕목으로 예수님께서 설파하신 고차원 윤리입니다. 야트막한 산상에 앉으시어 제자들에게 내려주신 가르침이라 해서 "산상수훈"이라 이름 붙여졌는데, 제시하신 윤리의 차원이 십계명을 능가하는 것이라 주로 "제자들"에게만 유효한 가르침이라는 견해까지 있을 정도입니다. 하지만, 이런 이유로 일반 그리스도인들이 "우리와는 상관없다"는 태도를 취하는 것도 바람직하지는 않습니다.

오늘 복음 말씀은 먼저 "소금"의 상징에서 출발합니다.

"너희는 세상의 소금이다. 그러나 소금이 제 맛을 잃으면 무엇으로 다시 짜게 할 수 있겠느냐?"(마태 5,13)

여기서 "소금이 제 맛을 잃으면"은 소금의 용도를 "맛"에 국한하기보다 소금의 상식적인 "기능"을 가리킨다고 볼 수 있습니다. 바로 이어지는 물음, "무엇으로 다시 짜게 할 수 있겠느냐?"가 짠맛에 집착하지 않고 짠 기능에 강조점을 두고 있기 때문입니다. 만일 덜 짠 것이 문제였다면 양을 늘리면 해결될 일이기에, 그렇습니다.

성경에서 소금은 여러 가지 역할을 하는 요소로 나타납니다. 기본적으로 짠 맛을 내주는 것 외에도 정화의 역할(2열왕 2,21-22 참조), 나아가 방부의 기능(바룩 6,27 참조)을 갖습니다.

그런데 중요한 것은 소금이 이러한 역할을 하려면 녹아야 한다는 것입니다. 곧 스스로를 죽이고 희생할 때, 소금은 짠 맛의 생명소(生命素), 정화제, 그리고 방부제로서 역할을 다 할 수 있는 것입니다.

놀랍게도 구약성경에서 이런 역할을 한 대표적인 사람들로 "사제들"이 연상됩니다. 사제들은 십계명 말씀을 관장하며 "생명소"를 공급해주었고, 죄인과 하느님 사이에서 중재역할을 하면서 속죄 제사를 통하여 "정화제" 역할을 하였을 뿐 아니라, 사회의 부패 방지 효과를 내기 위한 경종으로 성전의 봉사직을 수행하였습니다.

이 시대에는 세상 속에서 살고 있는 평신도들이 이러한 사제직을 공유하면서 죄인들과 하느님 사이에서 각자의 사명을 수행한다고 가르치며 배웁니다.

예수님께서는 "소금"에 이어 "빛"의 상징으로 제자 공동체의 역할을 깨우쳐주십니다.

"너희는 세상의 빛이다. 산 위에 자리 잡은 고을은 감추어질 수 없다"(마태 5,14).

일단 우리는 상식적인 수준에서 "빛"의 역할을 생각해볼 수 있습니다.

일반적으로 "빛"은 어둠을 몰아냅니다. 무지의 어둠, 악의 어둠, 그리고 정서의 어둠 등이 빛에 의해 추방되는 것입니다. 이런 의미에서 볼 때 "감추어질 수 없다"는 것은 "어둠에 덮일 수 없다"는 말과 다르지 않습니다.

또한 빛은 통상적으로 길잡이 또는 등대 역할을 합니다.

차제에 "빛"에 대한 성경적 이해를 꾀해보자면, 이렇습니다.

우선, 구약성경은 빛을 하느님의 영광 곧 하느님의 임재를 드러내는 계기로 간주합니다.

"일어나 비추어라. 너의 빛이 왔다. 주님의 영광이 네 위에 떠올랐다"(이사 60,1).

여기서 "너의 빛"은 스스로 발산하는 광채를 뜻하지 않고, "너" 자신에게 "빛"이 되시는 분을 가리킵니다. 이는 주님의 영광이 나타나는 곳, 곧 주님의 현존이 머무르는 곳, 그곳에서 빛이 비쳐 나오는데, 시온 산 위에 위치한 예루살렘이 바로 그곳이라는 얘기입니다.

마태오 복음은 주 예수 그리스도께서 바로 그런 빛이라고 선언합니다.

"어둠 속에 앉아 있는 백성이 큰 빛을 보았다. 죽음의 그림자가 드리운 고장에 앉아 있는 이들에게 빛이 떠올랐다"(마태 4,16).

요한 복음에서는 주님께서 명시적으로 당신을 빛으로 소개합니다.

"나는 세상의 빛이다. 나를 따르는 이는 어둠 속을 걷지 않고 생명의 빛을 얻을 것이다"(요한 8,12).

이렇게 볼 때, 성경적 의미에서 "빛"은 하느님의 거룩한 속성에서 발산되는 자체 발광이라고 할 수 있습니다. 순수청정의 빛, 선함의 빛, 자비의 빛 등등 하느님에게서 발산되는 모든 것이 빛인 것입니다.

그러기에, 엄격하게 말할 때, 우리 그리스도인은 자체적으로 "빛"이 될 수 없습니다. 다만 그 빛을 반사할 뿐입니다. 설령 우리 안에서 빛이 발산된다고 해도 그 빛은 우리 안에 계신 그리스도의 빛인 것입니다.

다시 오늘 복음의 본문으로 돌아오자면, 예수님께서 언급하신 "빛"의 의미는 결론 문장에서 온전히 드러납니다.

"이와 같이 너희의 빛이 사람들 앞을 비추어, 그들이 너희의 착한 행실을 보고 하늘에 계신 너희 아버지를 찬양하게 하여라"(마태 5,16).

이 권고의 궁극적인 메시지는 "하늘에 계신 너희 아버지를 찬양하게 하여라"입니다. 이는 결국 찬양받으실 분은 하늘에 계신 아버지이심을 가리킵니다.

찬양받으셔야 하는 근거는 "그들이 너희의 착한 행실을 보고"입니다. 그런데 이 "착한 행실"은 내용적으로 "너희의 빛이 사람들 앞을 비추어"와 문맥상 동격입니다. 즉, 착한 행실을 통해서 우리의 빛이 발산된다는 것입니다.

그런데 여기서 놓치지 말아야 할 대목은 이 착한 행실을 통해서 우리의 빛이 발산될 때 박수 받아야 할 주인공이 우리가 아니라 하느님 아버지라는 사실입니다.

어떻게 이런 말이 성립하는 것인가? 이는 결국 우리의 착한 행실이 가능하도록 돕는 분이 하느님이시기 때문입니다.

우리는 예수님의 저 결론 문장에서 당신께서 하늘에 계신 아버지만을 언급하시고 일부러 당신 자신은 생략하고 계심을 알아야 합니다. 아버지 하느님과 성자 예수님은 서로에게 영광을 드러내 주는 사이임을 상기해야 할 일입니다.

베드로 사도의 다음 편지글은 그가 예수님으로부터 전수받은 "빛"의 역할론을 온전히 소화했음을 드러내줍니다.

"사랑하는 여러분, 〔…〕 이교인들 가운데에 살면서 바르게 처신하십시오. 그래야 악을 저지르는 자들이라고 여러분을 중상하는 그들도 여러분의 착한 행실을 지켜보고, 하느님께서 찾아오시는 날에 그분을 찬양하게 될 것입니다"(1베드 2,11-12).

거듭 확인하거니와 "착한 행실"은 우리 그리스도인이 비춰야할 빛과 같은 것이고, 그것으로 인해 찬양받아야 할 분은 하느님이십니다. 왜냐하면 빛은 근원적으로 하느님께로부터 오기 때문입니다.

오늘 더듬어본 복음의 은혜 가운데, 좀 더 머물고 싶어지는 말씀은 "산 위에 자리 잡은 고을"(마태 5,14)입니다.

손가락에 끼어진 묵주반지는 어차피 커밍아웃이다.
크건 작건 이왕에 그어진 성호는 공개 고백이다.
내 정체는 가톨릭 신자, 내 별칭은 "산 위의 고을"!
나는 숨길 수도, 감출 수도, 덮을 수도 없는 빛 속의 인생!

만일 내 얼굴에서 기쁨과 사랑과 선의 빛이 발산되지 않는
다면,
다 가짜라는 얘기다.
묵주반지도, 성호도, 본명도, 별칭도,
다 사기라는 폭로다.

산위의 고을

그러나 나는 말한다

마태오 복음 5-7장은 예수님의 "산상 설교" 또는 "산상수훈"을 전해주고 있습니다. 바로 앞의 글에서 언급했듯이 산상 설교는 당신의 제자공동체를 위한 신앙과 윤리를 핵심적으로 제시한다는 의미에서 예수님 가르침의 진수로 꼽힙니다.

오늘 복음 말씀에서는 예수님께서 구체적인 율법 규정들을 풀이해주십니다. 다루어진 율법 규정들은 "살인해서는 안 된다"(마태 5,21-26 참조), "간음해서는 안 된다"(마태 5,27-30 참조), "자기 아내를 버리는 자는 그 여자에게 이혼장을 써 주어라"(마태 5,31-32 참조), "거짓 맹세를 해서는 안 된다"(마태 5,33-37 참조) 등입니다.

본격적으로 율법에 관하여 언급하기에 앞서, 우선 예수님께서는 명명백백하게 다음과 같이 천명하십니다.

"내가 율법이나 예언서들을 폐지하러 온 줄로 생각하지 마라.

폐지하러 온 것이 아니라 오히려 완성하러 왔다"(마태 5,17).

사실이 그랬습니다. 신약의 복음은 율법의 보완적 완성이지, 결코 율법의 폐지가 아닌 것입니다.

그런데 왜 예수님께서는 이 말씀을 하셔야 했을까? 그 이유는 당신의 파격적인 복음 선포에 대하여 "율법을 거스르는 위험한 발상이다", "반율법적이다"라는 식의 회의를 품은 이들이 율법 학자들 사이에 하나둘 늘어가고 있음을 예수님께서 감지하셨기 때문입니다. 예수님의 혁명적인 가르침에 대하여 사람들의 의견은 분분했습니다.

"그러면 우리는 예수님 가르침만 따르고 율법은 더 이상 지키지 않아도 되는 것인가?" 제자들은 이렇게 물었을 개연성이 높습니다.

"예수는 율법을 무시하고 하느님을 모독하는 가르침을 서슴없이 유포한다. 영락없는 신성모독이다." 율법 학자들은 이런 결론으로 기울었을 법합니다.

"불필요한 대결은 피하는 것이 상책이다. 율법에 대한 내 깊은 뜻을 밝힐 필요가 있다!" 이것이 예수님의 생각이었습니다.

본문은 율법에 대한 예수님의 기본적인 긍정을 드러내고 있습니다만, 예수님께서는 율법의 한계도 분명히 알고 계셨습니다. 이와 관련하여 사도 바오로는 자신이 예수님으로부터 사사한 가르침을 다음과 같이 명쾌하게 풀어냈습니다.

"우리가 알다시피, 율법이 말하는 것은 모두 율법 아래 사는 사람들에게 해당됩니다. 그래서 모든 입은 다물어지고 온 세상은 하느님 앞에 유죄임이 드러납니다. 어떠한 인간도 율법에 따른 행위로 하느님 앞에서 의롭게 되지 못하기 때문입니다. 율법을 통해서는 죄를 알게 될 따름입니다"(로마 3,19-20).

이 인식을 토대로 예수님께서는 믿음을 통한 구원을 복음의 핵심 내용으로 선포하셨고, 이는 고스란히 사도 바오로에게도 전수되었습니다. 이제 그의 선포는 오늘 예수님의 메시지와 너무도 일맥상통합니다.

"그렇다면 우리가 믿음으로 율법을 무효가 되게 하는 것입니까? 결코 그렇지 않습니다. 오히려 율법을 굳게 세우자는 것입니다"(로마 3,31).

사실 율법 학자들과 바리사이들은 율법을 철저히 준수하려 최선을 다했습니다. 그러기에 그들은 스스로 "의로움"(디카이오쉬네: dikaiosyne)에 이르렀다고 자부했습니다. 반면에 예수님의 제자들은 율법에 관한 한 율법 학자와 바리사이들 것만큼의 지식도 노력도 성취도 이룩하지 못했던 것이 사실입니다. 그럼에도 예수님께서는 제자들에게 엄청난 요구를 하십니다.

"내가 너희에게 말한다. 너희의 의로움이 율법 학자들과 바리사이들의 의로움을 능가하지 않으면, 결코 하늘 나라에 들어가지 못할 것이다"(마태 5,20).

얼핏 들으면 도저히 이룰 수 없는, 불가능한 주문이었습니다. 짐작건대 제자들도 그렇게 생각했을 터입니다.

하지만 거시적인 관점에서 봤을 때 예수님의 요청은 가능한 것이었습니다. 그것은 이미 "새 계약"에 대한 예레미야 예언서의 예언 말씀에서 약속된 것이었습니다.

"그때에 나는 이스라엘 집안과 유다 집안과 새 계약을 맺겠다. 〔…〕 나는 그들의 가슴에 내 법을 넣어 주고, 그들의 마음에 그 법을 새겨 주겠다. 〔…〕 그때에는 더 이상 아무도 자기 이웃에게, 아무도 자기 형제에게 '주님을 알아라.' 하고 가르치지 않을 것이다. 그들이 낮은 사람부터 높은 사람까지 모두 나를 알게 될 것이기 때문이다"(예레 31,31-34).

이 예언의 요지는 이렇습니다.

새 계약의 성취자인 예수님을 믿는 이들에게는 주님의 (율)법이 마음에 새겨져 그것을 억지로가 아니라 기꺼이 자발적으로 실행하는 은혜가 주어질 것이라는 얘기입니다. 바로 그것을 가능하게 해주시는 분이 협조자 성령이기 때문입니다(요한 14,26 참조).

반면에 새 계약의 성취자인 예수님을 거부하거나 배척하는 이들은 옛날 방식으로 돌판에 새겨진 율법, 곧 그들의 이해력 바깥에서 의무로 주어진 규정을 지켜야 하기에, 아무리 노력해도 성과가 부진할 수밖에 없습니다.

의무로가 아니라 신바람으로, 혼자 힘으로가 아니라 성령의 도움으로, 자기 공로가 아니라 은총으로! 바로 이것이 예수님 제자들이 율법 앞에서 누리는 특은이요 특권이었습니다.

이어지는 본문은 매우 깁니다. 이제, 예수님께서는 일련의 율법 규정들에 대한 당신의 견해를 피력하시면서, "너희는 들었다"(마태 5,21.27.33) 또는 "~하신 말씀이 있다"(마태 5,31)라는 언급에 이어 "그러나 나는 너희에게 말한다"(마태 5,22.28.32.34)라는 말씀을 매번 덧붙이십니다.

"그러나 나는 너희에게 말한다"(마태 5,22.28.32.34).

예수님께서 이렇게 말씀하신 이유는 전해 내려온 율법 규정을 거부하고 새로운 규정을 선포하신다는 의미가 아닙니다. 그보다는 율법의 완성이라는 취지에서였다고 이해됩니다. 그러니까 조상들의 율법 해석을 그대로 다 인정하되, 거기에서 더 깊이 들어간 통찰을 전하시겠다는 의도를 밝힌 것이라고 여겨집니다.

그런데! 이 주장에는 진리를 설파하는 이의 절대적 권위가 깔려 있기도 합니다. 이런 방식으로 "자기주장"을 할 수 있는 존재는 유일하게 주님뿐입니다. 이는 가히 신적 권위라 할 수 있습니다. 과연 주님이신 예수님께서는 그럴 자격이 있었습니다. 주님이시기에 "그때 하느님께서 이 모든 말씀을 하셨다"(탈출 20,1)라는 언급처럼, 십계명을 주시며 하느님께서 하신 말씀과 동등한 권위를 지니고 말씀하시는 것입니다.

이렇게 더듬어본 오늘 복음의 은혜 가운데, 더 머물고 싶어지는 말씀은 "그러나 나는 너희에게 말한다"(마태 5,22)입니다.

사람답게 사는 법에 대하여,
스님의 가르침, 목사의 고견, 신부의 지혜, 사부들의 한 수,
다 들어봤다 했지.

그러나 나는 말한다.
길이요 진리요 생명인 내 말은 날카로와
관절과 골수도 쪼갠다.

정곡관통, 지혜의 종결인, 내 말을 들으라.
의심이나 궁리로 공연히 기운을 소모하지 말라.

그저 듣고 믿고 따르면, 최후의 환희 꽃피우리니.

그러나
나는 말한다

너희도

연중 제7주일을 맞는 오늘 복음 말씀은 지난 몇 주간 시리즈로 읽어왔던 "산상 설교"의 중심정신에 관해서 언급합니다.

우선 예수님께서는 구약의 율법 가운데 동태복수법을 넘어서는 가르침을 주십니다.

"'눈은 눈으로, 이는 이로.' 하고 이르신 말씀을 너희는 들었다. 그러나 나는 너희에게 말한다. 악인에게 맞서지 마라. 오히려 누가 네 오른뺨을 치거든 다른 뺨마저 돌려 대어라"(마태 5,38-39).

여기서 예수님께서 강조하고자 하셨던 가르침은 "누가 네 오른뺨을 치거든 다른 뺨마저 돌려 대어라"라는 결론 문장의 것이었습니다. 이는 동서고금에서 가장 높은 처세 지혜로 통합니다. 인도의 마하트마 간디가 이 일련의 가르침에서 "비폭력 무저항"의 정신을 배웠다고 실토한 것은 주지의 사실입니다.

이 가르침이 빛나는 것은 예수님께서 몸소 당신의 십자가 여정에서 이를 완전하게 실행하셨기 때문입니다. 사람들이 주님의 얼굴에 침을 뱉고 주먹으로 뺨을 쳐도(마태 26,67 참조), 옷을 벗기고 겉옷을 나누어 가져도(마태 27,35 참조), 로마군의 난폭한 권력 횡포에도(마태 27,29-30 참조) 예수님께서는 일절 저항 없이 묵묵히 당해주셨습니다. 나아가 그들을 위해 기도까지 해주셨습니다.

박수는 쳐줄 수 있어도 우리 자신을 위한 행동윤리로 받아들이기에는 부담스러운, 이 별난 권고는 사실상 구약의 동태복수법을 거부하는 것이었습니다. 자고로 구약의 율법은 고대 근동지역에서 절대적 법칙으로 통하던 "눈은 눈으로, 이는 이로"라는 동태복수법을 마땅한 윤리로 가르쳐왔습니다.

"목숨은 목숨으로 갚아야 하고, 눈은 눈으로, 이는 이로, 손은 손으로, 발은 발로, 화상은 화상으로, 상처는 상처로, 멍은 멍으로 갚아야 한다"(탈출 21,23-25).

이는 아직 사람들의 의식이 덜 깨고 인권 사상이 덜 진화된 상황에서 통할 수 있는 최상의 범죄 방지책이었습니다. 하지만 이는 폭행을 막을 수 있는 최소한의 법이지 최대한의 법이 되지 못했습니다. 그러기에 인권 존중 의식이 더 깨어나게 되면 언젠가는 보다 높은 처세 지혜로 지양되어야 할 여지가 있었습니다.

아주 조심스럽게 구약성경에서도 그 개선 방향이 제시된 대목이 귀하게 찾아집니다.

"어떤 사람이 자기 남종의 눈이나 여종의 눈을 때려 상하게 하였을 경우, 눈 대신 그를 자유로운 몸으로 내보내야 한다. 그가 자기 남종의 이나 여종의 이를 부러뜨렸어도, 이 대신 그를 자유로운 몸으로 내보내야 한다"(탈출 21,26-27).

이는 동태복수법이 피해자를 위한 보호책으로 권장되기는 했으되 만일 그것보다 더 좋은 방안이 있을 경우에는 다른 선택을 해도 무방하다는 정신을 드러내줍니다.

이런 맥락에서 봤을 때, 예수님께서 제시하신 파격적인 행동윤리는 구약 율법을 거스른 것이 아니라 궁극적으로 완성하신 것이라고 말할 수 있습니다.

바오로 사도는 예수님의 이 가르침을 설득력 있게 풀어서 전합니다.

"아무에게도 악을 악으로 갚지 말고, 모든 사람에게 좋은 일을 해 줄 뜻을 품으십시오. 여러분 쪽에서 할 수 있는 대로, 모든 사람과 평화로이 지내십시오. 사랑하는 여러분, 스스로 복수할 생각을 하지 말고 하느님의 진노에 맡기십시오. 성경에서도 '복수는 내가 할 일, 내가 보복하리라.' 하고 주님께서 말씀하십니다"(로마 12,17-19).

이어지는 예수님 가르침의 파격은 점입가경입니다. 이제 예수님께서는 "네 이웃을 사랑해야 한다"(마태 5,43)는 구약의 율법 규정(레위 19,18 참조)을 상기하시면서, 당시 군중들에게는 전혀 새로운 행동윤리를 제시하십니다.

"너희는 원수를 사랑하여라. 그리고 너희를 박해하는 자들을 위하여 기도하여라"(마태 5,44).

대략난감의 반응을 촉발하는 말씀이지만, 이는 오늘날 그리스도인의 전형적인 행동윤리로 자리매김되어 있습니다. 교양 있는 이라면 그리스도교와 원수 사랑을 동일시한다는 얘기입니다.

그런데 이 가르침은 당시 율법 학자들에게 골치 아픈 문젯거리였습니다. 그러기에 예수님께서는 "착한 사마리아인의 비유"(루카 10,29-37 참조)를 통해 이웃의 바운더리를 동족으로 제한한 저들의 전통적인 관점을 여지없이 허물고자 하셨습니다. 당시 유다인에게 이웃은 동족이요 원수는 타민족이라는 등식이 지배적이었기 때문이었습니다.

예수님의 이 가르침은 훗날 제자들에게 닥칠 박해에 대비한 윤리적 지혜로서도 의미를 지니는 것이었습니다. 이 가르침의 이행은 "그때에 사람들이 너희를 환난 속에 몰아넣고 죽일 것이다. 너희는 내 이름 때문에 모든 민족들에게 미움을 받을 것이다"(마태 24,9)라며 예고하신 일이 닥쳤을 때, 더욱 절실히 요구되는 것이었습니다.

이 난해한 가르침 역시 예수님께서는 십자가상에서 완전히 성취하셨기에 우리는 거부할 수 없게 되었습니다. 베드로 사도의 권고는 사도들이 얼마나 이 가르침을 선택받은 그리스도인들의 행동윤리로 깊이 가슴에 새겨두었는지를 여실히 드러내줍니다.

"악을 악으로 갚거나 모욕을 모욕으로 갚지 말고 오히려 축복해 주십시오. 바로 이렇게 하라고 여러분은 부르심을 받았습니다. 그것은 여러분이 복을 상속받게 하려는 것입니다"(1베드 3,9).

예수님께서 전하시는 고품격 행동윤리는 이제 "완전"이라는 경지까지 요구합니다.

"하늘의 너희 아버지께서 완전하신 것처럼 너희도 완전한 사람이 되어야 한다"(마태 5,48).

여기서 "완전한"이라는 단어의 그리스어 "텔레이오스"(teleios)는 본디 "흠 없는", "온전한", "합당한" 등을 뜻합니다.

부담백배! 이는 결코 듣는 이의 마음을 평화롭게 해주지 못합니다. 그만큼 자신의 현재 처지와 예수님의 요청 사이에서 격차를 느끼기 때문입니다.

그렇다면 여기서 요구되는 완전함은 어떤 것일까요?

이에 대한 힌트를 우리는 이와 비슷한 구조의 병행구에서 발견합니다. 성경에는 "아버지께서 ～하신 것처럼, 너희도 ～한 사람이 되어라"라는 구조의 말씀이 둘 더 있습니다.

곧 "나, 주 너희 하느님이 거룩하니 너희도 거룩한 사람이 되어야 한다"(레위 19,2)와 "너희 아버지께서 자비하신 것처럼 너희도 자비로운 사람이 되어라"(루카 6,36)입니다.

이 두 병행구와 관련지어 생각할 때, 오늘 복음 말씀에서 "완전한"은 자비의 완전 및 거룩함의 완전과 상통한다고 볼 수 있습니다. 다만 문맥에 따라서 어느 쪽에 더 가까운가가 결정되는 것입니다.

그런데 오늘 복음 말씀은 "원수 사랑"을 언급하는 맥락에서 "완전한 사람"이 되라는 권고를 전하고 있습니다. 이를 감안하면 오늘 예수님께서 제자들에게 요청하신 "완전"은 자비의 완전이라고 결론 내리되, 거룩함의 완전을 배제하지 않는다고 말할 수 있을 것입니다.

이렇게 더듬어본 복음의 은혜 가운데, 더 머물고 싶어지는 말씀은 "너희도"(마태 5,48)입니다.

너희 안에 "우리를 닮은"(창세 1,26) 하늘이 있다.
너희도 청명한 하늘로 살거라.

너희 안에 "우리를 닮은" 눈물이 있다.
너희도 가없는 자비로 살거라.

너희 안에 "우리를 닮은" 결벽이 있다.
너희도 영원한 동경으로 살거라.

너희도

그러면

이제 우리는 "산상 설교"의 마무리 부분에 가까워지고 있습니다.

오늘 복음 말씀에서 예수님께서는 먼저 "아무도 두 주인을 섬길 수 없다"(마태 6,24)라는 말씀으로 "재물"에 의지하여 사는 것을 청산하고 "하느님"만 바라보고 살 것을 제자들에게 요청하십니다.

이어서 예수님께서는 이와 똑같은 취지의 말씀을 생계문제와 관련하여 구체적으로 언급하십니다. 그러는 가운데, 하느님께 전폭적으로 의지하여 살지 못하는 사람들을 겨냥하여 질책의 말씀을 전하십니다.

"이 믿음이 약한 자들아!"(마태 6,30)

여기서 언급된 믿음은 하느님의 존재와 구원의 교리를 믿는 그런 추상적 믿음이 아니라, 하느님께서 우리의 생존을 책임져주심에 대한 믿음을 가리킵니다. 그러기에 이 표현은 먹을 걱정, 마실 걱정, 입을 걱정에 대한 두 번의 언급(25절과 31절) 사이에 끼어 있습니다.

예수님께서는 이들에게 의탁의 믿음을 각성시키기 위하여 자연계의 생명 현상에 서려 있는 하느님의 돌보심에 대하여 아름답게 묘사합니다.

"하늘의 새들을 눈여겨보아라. 그것들은 씨를 뿌리지도 않고 거두지도 않을 뿐만 아니라 곳간에 모아들이지도 않는다. 그러나 하늘의 너희 아버지께서는 그것들을 먹여 주신다. 너희는 그것들보다 더 귀하지 않으냐?"(마태 6,26)

그러므로 어느 경우에도 하느님께서 먹을거리를 책임져주심을 믿으라는 말씀입니다. 입을거리에 대해서도 비슷한 논거를 대십니다.

"들에 핀 나리꽃들이 어떻게 자라는지 지켜보아라. [⋯] 솔로몬도 그 온갖 영화 속에서 이 꽃 하나만큼 차려입지 못하였다. 오늘 서 있다가도 내일이면 아궁이에 던져질 들풀까지 하느님께서 이처럼 입히시거든, 너희야 훨씬 더 잘 입히시지 않겠느냐?"(마태 6,28-30)

입을거리 걱정까지 하느님께 전폭적으로 맡기라는 말씀입니다.

전원의 아름다움을 경탄하며 거기서 믿음이란 주제를 부각시키시는 예수님의 가르침은 이제 결론에 이르러 다시 처음의 말씀

(25절)을 반복하는 것으로 대신 됩니다.

"그러므로 너희는 '무엇을 먹을까?', '무엇을 마실까?', '무엇을 차려입을까?' 하며 걱정하지 마라"(마태 6,31).

여기서 "걱정하다"라는 말로 번역된 그리스어 원형 "메림나오"(merimnao)는 "유산"을 뜻하는 "메로스"(meros)나 "운명"을 뜻하는 "모이라"(moira)와 똑같은 어근에서 나온 파생어입니다. "유산"과 "운명"은 세상 사람들의 전형적인 걱정거리들입니다. 게다가 걱정을 해봤자 아무 실속도 없는 걱정들입니다. 이는 한 마디로 세속적인 근심거리로 노심초사하는 것을 가리키는 것입니다.

이런 걱정에 대하여 사도 바오로는 이렇게 말한 바 있습니다.

"혼인한 남자는 어떻게 하면 아내를 기쁘게 할 수 있을까 하고 세상일을 걱정합니다"(1코린 7,33).

예수님께서는 이런 걱정거리에 붙잡힌 이들을 "믿음이 약한 자들"이라 칭하시며, 그로부터 자유롭도록 불러주십니다.

"이 믿음이 약한 자들아, 어찌하여 빵이 없다고 너희끼리 수군거리느냐? 아직도 이해하지 못하느냐? 빵 다섯 개로 오천 명이 먹은 일을 기억하지 못하느냐? 너희가 몇 광주리를 거두었느냐?"(마태 16,8-9)

이는 필요하면 하느님께서 기적이라도 행해서 책임져주시니 그저 믿고 의탁하라는 깨우침인 것입니다.

장황한 말씀을 마치시면서 예수님께서는 당신의 가르침을 이렇게 마무리 지으십니다.

"너희는 먼저 하느님의 나라와 그분의 의로움을 찾아라. 그러면 이 모든 것도 곁들여 받게 될 것이다"(마태 6,33).

이 말씀에서 관건이 되는 것은 우선순위입니다. 별로 중요치 않은 문제를 놓고 염려하느라고 결정적으로 중요한 사안에 소홀하게 되면, 그것은 어리석음입니다. 그러므로 여러 사안이 한꺼번에 머릿속에서 경합을 벌이지 않도록 먼저 "하느님 나라와 그분(하느님)의 의로움"을 구하는 것이 상책이라는 말씀입니다.

가치판단에서 하느님께 첫 자리를 드리면, 다른 모든 것도 "곁들여 받게 될 것"입니다. 이런 지혜는 구약의 시인들도 터득하고 있었습니다.

"주님을 신뢰하며 선을 행하고 이 땅에 살며 신의를 지켜라. 주님 안에서 즐거워하여라. 그분께서 네 마음이 청하는 바를 주시리라"(시편 37,3-4).

여기서 일컬어지는 주님을 신뢰함, 신의를 지킴, 주님 안에서 즐거워함 등등이 "하느님 나라와 그분의 의로움"에 상응하는 것들입니다.

가치선택에서 주님께 0순위를 드리면, "그분께서 네 마음이 청하는 바를 주시리라"고 시편은 고백합니다. 여기서 시편은 주장의 글이 아니라 체험 증언 글임을 상기할 일입니다.

예수님의 저 마지막 권고 말씀은 강제적 의무가 아닙니다. 축복 및 은총의 이치를 깨달은 자만이 실행할 수 있는 자발적 선택인 것입니다.

이렇게 더듬어본 복음의 은혜 가운데, 더 머물고 싶어지는 말씀은 "그러면"(마태 6,33)입니다.

하루의 첫 시간을 먼저 주님께 드려보자.
그러면, 나머지 하루가 온통 축복이 되리라.

선택의 첫 순위를 먼저 주님께 드려보자.
그러면, 하는 일마다 잘 되리라.

사랑의 첫 지분을 먼저 주님께 드려보자.
그러면, 100배의 사랑을 받으리라.

그러면

물러가라

사순 제1주는 사순시기 전체의 시작 주간으로서 우리 신앙인들로 하여금 절로 결연한 마음가짐을 품게 해줍니다. 복음 말씀은 그에 걸맞게 예수님께서 광야에서 유혹을 받으시는 현장으로 우리를 초대합니다.

마태오 복음은 예수님께서 40일 단식을 막 마치려하실 때 유혹자가 다가왔다고 전합니다. 참고로 같은 이야기를 전하는 루카 복음은 40일 내내 유혹을 받으신 것으로 기록하고 있습니다. 설령 "악마"(디아볼로스: diabolos)가 다가온 시기가 유혹의 끝자락 즈음이었다고 해도, 40일간의 "단식" 자체가 육체적으로나 영적으로 극한체험이라 할 수 있으니, 이들 두 복음서는 사실상 같은 사실을 전하고 있다고 봐도 무방할 것입니다.

알다시피 성경의 관점에서 "광야"는 두 성격을 지니고 있습니다. 한편으로는 하느님을 오롯이 만나는 곳이지만, 다른 한편으로는 야수들과 악마들이 서식하는 불모의 땅입니다.

"성령"(프뉴마토스: Pneumatos)께서 예수님을 광야로 이끌고 가신 것은 광야가 지니는 저 두 가지 특성이 예수님께서 구원활동을 위하여 기도준비를 하는 데 딱 알맞춤으로 필요한 조건이기 때문이었을 터입니다.

이제 예수님께서 악마의 노골적인 유혹에 직면하십니다. 여기서 미리 숙고해둘 것은 이 유혹들을 예수님께서 당신 개인 차원에서 받으시는 것이 아니라 메시아 사명, 곧 구원활동의 청사진과 관련해서 받으시는 것이라는 사실입니다.

그러기에 악마가 제시한 세 가지 유혹은 모두가 예수님의 메시아관을 흔들어대는 것들이었음을 미리 생각해둘 필요가 있습니다.

우선, 첫째 유혹은 예수님의 상황적인 약점을 공략합니다.

예수님께서 40일 단식 직후 극히 "시장"기(마태 4,2)를 느끼고 계심을 간파한 악마는 먹을거리 문제 해결을 돕는 척하면서 이렇게 미끼 질문을 던집니다.

"당신이 하느님의 아들이라면 이 돌들에게 빵이 되라고 해 보시오"(마태 4,3).

배고픔을 마냥 참기만 할 게 아니라, 주위에 깔려 있는 돌을 집어 "빵이 되거라!" 하면 될 터이니, 그렇게 해보면 어떻겠느냐는 부추김입니다. 하지만 예수님께서는 악마가 당신의 관심을 물질에 묶어놓으려는 저의를 간파하시고, 말씀의 힘을 빌려 유혹을 물리치십니다.

"사람은 빵만으로 살지 않고 하느님의 입에서 나오는 모든 말씀으로 산다"(마태 4,4).

이 답변으로 예수님께서는 악마의 "경제 메시아" 유혹 논리를 통쾌하게 반박하신 셈입니다. 이는 동시에 육적 삶의 차원에 매몰되어 살기 쉬운 우리들을 영적 삶의 풍요로 초대하는 말씀이기도 합니다.

예수님의 명답변 속에는 다음과 같은 영적 지혜가 서려 있습니다.

"경제 메시아? No! 그렇다고 '말씀의 양식'이 '빵의 양식'을 부정하는 것은 아니다. 오히려 '말씀'의 기근이 먼저 해결되면, 이에 따라서 하느님의 도우심으로 '빵'의 기근도 더불어 해소되게 마련이다."

말문이 막힌 악마는 물러서지 않고 두 번째 유혹을 꾀합니다.

전략은 "하느님의 아들"이라는 예수님의 자긍심을 자극하는 것입니다. 악마는 예수님을 예루살렘 성전 꼭대기로 데리고 가서, "자기 증명"의 유혹을 미끼로 던집니다.

"당신이 하느님의 아들이라면 밑으로 몸을 던져 보시오"(마태 4,6).

성경 말씀으로 되치기 당했기에 이번에는 성경 말씀을 유혹의 도구로 사용하기까지 합니다.

"성경에 이렇게 기록되어 있지 않소? '그분께서는 너를 위해 당신 천사들에게 명령하시리라.' '행여 네 발이 돌에 차일세라 그들이 손으로 너를 받쳐 주리라'"(마태 4,6).

시쳇말로 "한번 당신이 어떤 신분인지, 얼마나 귀하신 몸인지 한번 보여줘 봐라"는 식의 꼬임입니다. 하지만 예수님께서는 "성경에 이렇게도 기록되어 있다"(마태 4,7)고 하시면서 더 센 말씀으로 응수하십니다.

"주 너의 하느님을 시험하지 마라"(마태 4,7).

반박할 수 없는 말씀의 반격! 이 말씀으로 예수님께서는 과시적 자기 증명으로 대중의 호응을 모으며 구원활동을 펼친다는 "기적의 메시아" 상을 부정하셨다고 볼 수 있습니다. 실제로, "표징" 또는 "권한 입증"을 강요하는 이런 메시아 상은 율법 학자들 및 바리사이들이 예수님에게 반복해서 요구한 빗나간 기대였습니다. 왜냐하면 기적은, 저들이 요구하듯 자기 입증을 위해서가 아니라, 철저하게 생사의 위기에서 사람들을 구해내기 위한 사랑 구현의 방편이었기 때문입니다.

세 번째 유혹은 한마디로 "권세의 유혹"이라 부를 수 있습니다.

악마는 예수님에게 세상의 모든 나라와 그 영광을 보여 주며,

권력욕을 부추깁니다.

"당신이 땅에 엎드려 나에게 경배하면 저 모든 것을 당신에게 주겠소"(마태 4,9).

하지만 예수님께서는 박절하게 물리치십니다.

"성경에 기록되어 있다. '주 너의 하느님께 경배하고 그분만을 섬겨라'"(마태 4,10).

진정으로 섬김 받아야 할 최고 권세는 하느님께 있다! 이런 취지의 말씀으로 예수님께서는 "왕"으로 등극하여 백성을 도탄에서 해방시킴으로 구원활동을 펼친다는 "정치적 메시아" 상을 거부하셨습니다. 이 유혹은 이후에도 군중들의 기대감으로 줄곧 예수님을 따라다녔습니다. 하지만 예수님께서는 끝까지 "그러나 내 나라는 여기에 속하지 않는다"(요한 18,36)는 입장을 고수하시며, 정치적 차원을 넘어서는 "하느님 나라"의 도래를 위하여 용서와 자비의 구원활동을 펼치셨습니다.

인용에서는 건너뛰었지만, 세 번째 유혹에 대적하시며 예수님께서는 먼저 악마를 향하여 이렇게 외치셨습니다.

"사탄아, 물러가라"(마태 4,10).

이 호령은 오늘 우리들에게 더욱 호되게 들려옵니다.

예수님께서 받으셨던 유혹은 하나같이 구원의 방법론에 관련한 것이었습니다. 악마는 예수님께 편의, 영광, 효율이 돋보이는 방법론으로 꾀었습니다. 예수님께서는 그 반대인 불편, 겸손, 사랑의 길을 택하셨습니다.

어쩌면 오늘의 우리 교회, 사목자, 그리고 신자들에게는 예수님이 가신 길보다 악마가 제시한 길이 더 매력적으로 보일지도 모를 일입니다.

지금 이 순간에도 악마는 우리들을 유혹하기 위하여 호시탐탐 노리고 있습니다. 사도 베드로는 강력하게 각성을 촉구합니다.

"정신을 차리고 깨어 있도록 하십시오. 여러분의 적대자 악마가 으르렁거리는 사자처럼 누구를 삼킬까 하고 찾아 돌아다닙니다. 여러분은 믿음을 굳건히 하여 악마에게 대항하십시오"(1베드 5,8-9).

사도 바오로는 예수님의 방어 무기였던 "말씀"을 우리 역시 악마의 간계를 물리칠 "성령의 칼"로 사용하도록 권고합니다.

"악마의 간계에 맞설 수 있도록 하느님의 무기로 완전히 무장하십시오. 〔…〕 성령의 칼을 받아 쥐십시오. 성령의 칼은 하느님의 말씀입니다"(에페 6,11.17).

이렇게 헤아려본 복음의 은혜 가운데, 더 머물고 싶어지는 말씀은 "물러가라"(마태 4,10)입니다.

디아볼로스(악령: diabolos), 사탄(satan)!
네가 거짓의 아비요 살인자(요한 8,44)임을 내가 아노니,
썩 물러가라.
나자렛 예수 그리스도의 이름으로 명하노니,
내 언저리에 얼씬도 하지 마라.

물러가라

그를 따르라

오늘의 복음 말씀은 주님의 영광스런 변모 사건을 전해줍니다. 놓치지 말아야 할 것은 이 사건 바로 앞 대목에서 베드로의 신앙 고백과 예수님의 수난 예고가 있었다는 사실입니다. 그러니까 이 두 사건은 서로 짝을 이룬다는 얘기입니다.

불과 일주일 전 예수님께서는 제자들에게 이렇게 단단히 일러 두셨습니다.

"누구든지 내 뒤를 따라오려면, 자신을 버리고 제 십자가를 지고 나를 따라야 한다"(마태 16,24).

오늘 복음은 이 말씀이 있은 후 "엿새 뒤"의 일로부터 시작합니다.

"엿새 뒤에 예수님께서 베드로와 야고보와 그의 동생 요한만 따로 데리고 높은 산에 오르셨다"(마태 17,1).

여기서는 "엿새 뒤"를 루카 복음에서는 "여드레쯤 되었을 때"(루카 9,28)라고 기록하고 있습니다. 날짜를 셈할 때, "당일"을 넣느냐 빼느냐에 따라서 다른 숫자가 나올 수 있음을 감안할 때, 이 둘은 사실상 "일주일쯤 후"라고 표기해도 무방할 것입니다.

그때 예수님께서 홀연 영광스럽게 변모하시는 일이 벌어집니다. "그리고 그들 앞에서 모습이 변하셨는데, 그분의 얼굴은 해처럼 빛나고 그분의 옷은 빛처럼 하얘졌다"(마태 17,2).

이에 대해서 복음서마다 약간씩 표현이 다릅니다만, 이는 그때의 체험이 너무도 강렬하여 글로써 형용하기 어려웠기 때문일 터입니다.

그런데, 왜 하필이면 십자가에 대한 언급에 이어 이런 기적이 일어났을까요? 짐작건대, 제자들이 십자가에 대한 예수님의 초대를 온전히 소화하지 못한 채 부담스러워하고 있었기 때문일 듯합니다. 그들에게는 당장 어떤 확신이나 응원이 필요했던 것입니다. 이에 대한 하느님의 배려가 바로 예수님의 영광스러운 변모라고 볼 수 있습니다. 영광스럽게 변모하신 예수님은 그 자체로 제자들에게 이런 메시지였을 법합니다.

"십자가는 그것으로 끝나는 게 아니다. 그 끝자락에 영광의 때가 찾아온다. 그러니 용기를 내어 분발하라."

훗날 사도 바오로 역시 십자가의 종착지에 대하여 이렇게 증언합니다.

"그러나 우리는 하늘의 시민입니다. 그리고 그곳에서 구세주로 오실 주 예수 그리스도를 고대합니다. 그리스도께서는 만물을 당신께 복종시키실 수도 있는 그 권능으로, 우리의 비천한 몸을 당신의 영광스러운 몸과 같은 모습으로 변화시켜 주실 것입니다"(필리 3,20-21).

예수님께서 영광스럽게 변모하실 때 그들 앞에 "모세"와 "엘리야"가 나타납니다. 이들은 각각 "율법과 예언"(마태 5,17; 22,40 참조)의 상징으로서, 구약을 대표하는 인물들입니다. 따라서 이 두 인물이 변화된 예수님의 곁에 나타났다는 것은 예수님이야말로 구약의 율법과 예언자들이 예언했던 메시아라는 사실을 분명히 보여주는 증표라 할 수 있습니다.

이 장면은 베드로 사도를 어리둥절하게 합니다. 제정신이 아닌 베드로는 그분들께 초막 셋을 지어드리겠다는 즉흥적인 제안을 합니다.

"주님, 저희가 여기에서 지내면 좋겠습니다. 원하시면 제가 초막 셋을 지어 하나는 주님께, 하나는 모세께, 또 하나는 엘리야께 드리겠습니다"(마태 17,4).

베드로는 눈앞에 펼쳐진 장면에 흥분한 나머지 그 복된 상황을 영원히 유지하기를 원했던 것입니다. 하지만 베드로의 소망은 부질없는 것이었습니다. 일은 이제 그의 바람과 달리 전개됩니다.

"베드로가 말을 채 끝내기도 전에 빛나는 구름이 그들을 덮었다"(마태 17,5).

이어 베드로 일행은 하늘로부터 음성을 듣습니다.

"이는 내가 사랑하는 아들, 내 마음에 드는 아들이니 너희는 그의 말을 들어라"(마태 17,5).

제자들은 하늘의 음성을 듣고 두려움에 사로잡힘은 물론 예수님께 대한 경의를 표하지 않을 수 없었습니다.

하지만 예수님께서는 두려움에 떨고 있는 제자들을 잡아 일으키시며 두려워하지 말라고 안심시키십니다. 그들이 눈을 들어 보니 예수님 외에는 아무도 보이지 않았습니다.

정신을 차려보니, 모든 것은 변모 사건 이전의 상황으로 돌아왔습니다. 이 일을 그들은 기억과 침묵 속에 묻어두어야 했습니다. 예수님께서 그들에게 내린 함구령의 해제일은 "부활한 후"(마태 17,9 참조)였습니다.

그날의 사건은 베드로에게 이후에도 결코 잊힐 수 없는 것이었습니다. 그러기에 긴 세월이 흐른 후 그는 자신의 편지에서 그 기억을 생생하게 살려내고 있습니다.

"그분은 정녕 하느님 아버지에게서 영예와 영광을 받으셨습니다. 존귀한 영광의 하느님에게서, '이는 내 아들, 내가 사랑하는 이, 내 마음에 드는 이다.' 하는 소리가 그분께 들려왔을 때의 일입니다. 우리도 그 거룩한 산에 그분과 함께 있으면서, 하늘에서 들려온 그 소리를 들었습니다. 이로써 우리에게는 예언자들의 말씀이 더욱 확실해졌습니다. 여러분의 마음속에서 날이 밝아 오고 샛별이 떠오를 때까지, 어둠 속에서 비치는 불빛을 바라보듯이 그 말씀에 주의를 기울이는 것이 좋습니다"(2베드 1,17-19).

찬찬히 읽어보면, 지금 이 글을 쓰는 상황은 "어둠"입니다. 그러기에 "날이 밝아 오고 샛별이 떠오를 때까지"란 희망에 더하여 "어둠 속에서 비치는 불빛을 바라보듯이"라는 소망의 표현이 거듭해서 구사되고 있는 것입니다. 이럴 때일수록 그들이 붙잡고 의지해야 할 것은 주님의 "말씀"입니다. 그러기에 베드로 사도는 이렇게 권고했습니다.

"그 말씀에 주의를 기울이는 것이 좋습니다"(2베드 1,19).

베드로의 이 말은 사실 주님께서 영광스럽게 변모하신 날 하늘에서 들은 음성의 메아리였습니다.

"너희는 그의 말을 들어라."

이 말씀은 그때 그 정황에서 들었을 때는 그저 맨송맨송한 말이 아니었습니다.

거룩한 영광에 영원히 안주하기를 바랐던 베드로와 제자들에게 특별히 들려온 말씀이었기에 여기에는 "그의 십자가 길을 고이 따르라"시는 반전 메시지가 숨겨져 있었던 것입니다.

이렇게 더듬어본 복음의 은혜 가운데, 더 머물고 싶어지는 말씀은 "그의 말을 들어라"(마태 17,5)입니다.

누구나 영광을 원한다.
영광에 이르려면,
그의 말을 들어
고난의 길을 가야 한다.

그가 일러주고
그가 앞서 간 길은
가장 쉬운 길이며
단 하나뿐인 길이다.

그를 따르라

직접

오늘 복음의 무대는 "야곱의 샘"입니다. 이야기는 이렇게 시작됩니다.

"길을 걷느라 지치신 예수님께서는 그 우물가에 앉으셨다. 때는 정오 무렵이었다"(요한 4,6).

"정오 무렵"이라고 정확한 시간이 표기된 것은 이 복음서의 기록자인 사도 요한이 이 사건을 또렷이 기억하고 있음을 드러내줍니다.

그때 사마리아 여인 한 명이 물을 길으러 옵니다. 주님은 그 여인에게 마실 물을 청합니다. 그 여인은 주님에게 "선생님은 어떻게 유다 사람이시면서 사마리아 여자인 저에게 마실 물을 청하십니까?"(요한 4,9)라고 말하며 의아해합니다. 그 당시 유다인들은 사마리아인들과 상종하지 않았기 때문입니다.

이렇게 해서 예수님과 사마리아 여인 사이의 대화는 급진전합니다. 그 대화를 따라 묵상하면서 우리는 두 가지 주제의 발전에 주목해볼 필요가 있습니다.

먼저, "대화의 차원이 어떻게 발전해 나가는가"를 유심히 관찰해볼 필요가 있습니다.

도입 부분에서 대화는 "물"과 "마시는 일"을 주제로 시작됩니다. 이는 단지 육체적이고 물질적인 차원의 이야기입니다. 그러기는 사마리아 여자에게뿐 아니라 예수님에게도 마찬가지입니다.

그런데 곧바로 예수님께서는 여자가 예상하지 못한 차원으로 대화를 이끌어 가십니다.

"네가 하느님의 선물을 알고 또 '나에게 마실 물을 좀 다오.' 하고 너에게 말하는 이가 누구인지 알았더라면, 오히려 네가 그에게 청하고 그는 너에게 생수를 주었을 것이다"(요한 4,10).

이 말씀으로 예수님께서는 영원히 목마르지 않으며 영원한 생명을 주는 물로 화제를 돌리시고, 급기야 여인으로부터 되레 청함을 받는 반전을 이루십니다.

"선생님, 그 물을 저에게 주십시오. 그러면 제가 목마르지도 않고, 또 물을 길으러 이리 나오지 않아도 되겠습니다"(요한 4,15).

"생수"를 달라는 여자! 예수님께서는 이 여자의 과거사를 들추어내면서 계속 대화를 이끌어 나가십니다. 여인은 사실을 숨기려

하지만, 예수님께서는 일부러 이를 들추어내십니다.

"'저는 남편이 없습니다.' 한 것은 맞는 말이다. 너는 남편이 다섯이나 있었지만 지금 함께 사는 남자도 남편이 아니니, 너는 바른 대로 말하였다"(요한 4,17-18).

묘하게도 이 말씀은 여인에게 수치감을 주기보다 용서받은 느낌을 안깁니다. 사실적인 긍정의 언사인 "너는 바른 대로 말하였다"라는 말씀이 심리적으로 나아가 윤리적으로 치유의 힘을 발휘했던 것입니다.

이리하여 사마리아 여인은 예수님을 "예언자"(요한 4,19)로 알아보고, 올바른 예배의 장소에 대한 전통적인 물음을 묻습니다. 사마리아인들에게는 예루살렘 성전에서 예배를 올려야 옳으냐, 아니면 조상들의 관례에 따라 사마리아 지역 "그리짐 산"(요한 4,20 참조)에서 예배를 올리는 것이 합당하냐가 중요한 사안이었기 때문입니다. 예수님께서는 결론으로 메시아 시대의 도래를 깨우쳐주십니다.

"그러나 진실한 예배자들이 영과 진리 안에서 아버지께 예배를 드릴 때가 온다. 지금이 바로 그때다"(요한 4,23).

이로써 대화는 마침내 영적인 차원에 이르게 됩니다. 참으로 탄복을 자아내는 대화의 지혜입니다. 그 짧은 시간 안에 예수님께서 주도하신 대화는 물질적인 차원에서 심적인 치유의 차원으로, 심적인 치유(과거 삶의 수용)에서 영적인 성장을 위한 깨우침으로 진전하였으니 말입니다.

다음으로, 대화의 진도에 따라서 "예수님에 대한 사마리아 여인의 인식 변화"에 주목할 필요가 있습니다. 우물가에서 만난 여인은 예수님을 처음엔 "유다인"으로, 그다음엔 "예언자"로, 그리고 마지막엔 "메시아"로 인식합니다.

그리고 이 새로운 인식은 여인으로 하여금 자신이 살던 고을 사람들에게 증언케 합니다.

"제가 한 일을 모두 알아맞힌 사람이 있습니다. 와서 보십시오. 그분이 그리스도가 아니실까요?"(요한 4,29)

여기서 "제가 한 일을 모두 알아맞힌 사람"이라는 표현은 족집게 점쟁이라는 뜻이 아니라, 내 과거와 내 현재 죄를 이해해주고 수용해주신 분이라는 고마움의 고백입니다.

이에 예수님을 직접 만난 고을 사람들의 고백이 걸작이었습니다.

"우리가 믿는 것은 이제 당신이 한 말 때문이 아니오. 우리가 직접 듣고 이분께서 참으로 세상의 구원자이심을 알게 되었소"(요한 4,42).

이들은 신앙고백의 모범답안을 보여주고 있습니다.

이렇게 더듬어본 복음의 은혜 가운데, 더 머물고 싶어지는 말씀은 "직접 듣고"(요한 4,42)입니다.

주님, 제 믿음은 "-카더라" 믿음이 아닙니다.
주님, 저는 "친구 따라 강남 가듯" 교회에 다니지 않습니다.
주님, 저는 떠밀려서 믿지 않습니다.

말씀의 잔잔한 울림, 저는 직접 들었습니다.
자상하신 그 사랑, 저는 직접 만졌습니다.
고독한 믿음의 결단, 저는 직접 내렸습니다.

직접

믿는가?

오늘 복음 말씀에서 결정적인 부분은 예수님의 거침없는 "도발"을 전하는 대목입니다.

"예수님께서 진흙을 개어 그 사람의 눈을 뜨게 해 주신 날은 안식일이었다"(요한 9,14).

유다인에게 안식일은 모든 행위가 금지된 날이었습니다. 그런 의미에서 안식일은 일종의 "제한", "한계"를 상징하는 개념이기도 했습니다. 하지만 예수님은 그 형식적인 굴레에서 자유로우셨습니다. 왜냐하면 형식보다 더 중요한 사랑 자체를 사셨기 때문입니다. 이것이 태어나면서 눈먼 이를 고쳐주신 예수님의 속내였습니다.

이야기는 이렇게 시작됩니다.

"예수님께서 길을 가시다가 태어나면서부터 눈먼 사람을 보셨다"(요한 9,1).

이 배냇소경은 제자들로 하여금 "조상의 죄탓" 여부를 묻는 전통적인 질문을 던지게 하지만, 예수님께서는 그런 통념을 부인하시면서 그를 통해 "하느님의 일"이 드러나게 될 것임을 선언하실 뿐이었습니다.

이제 예수님은 침으로 진흙을 갠 다음, 그 흙을 눈먼 이의 눈에 발라 치유해주십니다(요한 9,6 참조). 하지만 이전부터 그를 잘 알아왔던 이웃들은 그가 눈을 뜨게 된 사실에 경악하며, 이 일이 하느님으로부터 온 기적인지 아닌지를 알아볼 요량으로 바리사이들에게 데리고 갑니다. 그리하여 그들은 눈뜬 이를 취조하듯 경위를 묻고는, 서로 의견이 엇갈립니다.

"바리사이들 가운데에서 몇몇은 '그는 안식일을 지키지 않으므로 하느님에게서 온 사람이 아니오.' 하고, 어떤 이들은 '죄인이 어떻게 그런 표징을 일으킬 수 있겠소?' 하여, 그들 사이에 논란이 일어났다"(요한 9,16).

바리사이들 가운데 일부는 마음이 흔들립니다. 혹시 그가 메시아가 아닐까? 이런 생각에 그들은 눈을 뜨게 된 이에게 다시 묻습니다.

"그가 당신 눈을 뜨게 해 주었는데, 당신은 그를 어떻게 생각하오?"(요한 9,17)

눈을 뜨게 된 이는 자신을 바라보는 곱지 않은 심사들에 아랑 곳하지 않고 자신의 생각을 밝힙니다.

"그분은 예언자이십니다"(요한 9,17).

그는 자신이 왜 바리사이들 앞으로 인도되었는지를 잘 알고 있었습니다. 그리고 당시 분위기를 보아 위협적인 분위기를 배제할 수 없었을 것입니다. 그럼에도 그는 자신의 의견을 바리사이들 앞에서 당당히 밝혔습니다. 이미 이 사람에게는 예수님이 "예수라는 이름을 가진 평범한 사람"이 아니었습니다.

이 사태는 결과적으로 세 가지 반응을 불러일으켰습니다.

첫째 반응은 거부였습니다.

"유다인들은 그가 눈이 멀었었는데 이제는 보게 되었다는 사실을 믿으려고 하지 않았다"(요한 9,18).

거부의 주인공은 전형적인 유다인들이었습니다. 뭔가 속임수나 거짓증언이 동원된 조작일 수도 있다고 그들은 의심했을 법합니다. 껄끄러운 도발만 일삼는 "예수"라는 존재를 도저히 인정해 줄 수가 없었기 때문입니다.

둘째 반응은 무슨 영문인지 모르겠다는 반응이었습니다.

"이 아이가 우리 아들이라는 것과 태어날 때부터 눈이 멀었다는 것은 우리가 압니다. 그러나 지금 어떻게 해서 보게 되었는지는 모릅니다. 누가 그의 눈을 뜨게 해 주었는지도 우리는 모릅니다. 그에게 물어보십시오. 나이를 먹었으니 제 일은 스스로 이야기할 것입니다"(요한 9,20-21).

그의 부모는 이렇게 답변했습니다. 이는 입장표명의 회피일 수도 있고, 어리둥절함의 고백일 수도 있습니다. 확실한 것은 도대체 자신들의 아들에게 무슨 일이 일어났는지 그들 자신도 몰랐다는 사실입니다.

셋째 반응은 기적을 받아들이고 그 기적을 행한 예수의 정체를 합리적으로 묻는 반응이었습니다.

"태어날 때부터 눈이 먼 사람의 눈을 누가 뜨게 해 주었다는 말을 일찍이 들어 본 적이 없습니다. 그분이 하느님에게서 오지 않으셨으면 아무것도 하실 수 없었을 것입니다"(요한 9,32-33).

이는 다시 눈을 뜨게 된 이의 신앙고백이었습니다. 이 용기 있는 고백으로 인해 그는 밖으로 내쫓기게 됩니다.

눈을 뜬 이는 자신의 눈을 뜨게 해준 은인인 예수님을 내심 만나고 싶어 했습니다. 예수님께서는 그를 응원하실 요량으로 그에게 다가가 다시 질문으로 말을 건네십니다.

"너는 사람의 아들을 믿느냐?"(요한 9,35)

이렇게 눈뜨는 기적으로 메시아를 체험하고 다시 찾는 이와 메시아가 재회를 합니다. 눈뜬 이는 이윽고 영원히 유효한 고백을 합니다.

"주님, 저는 믿습니다"(요한 9,38).

그의 가장 큰 보은의 행위는 경배였습니다.

"(그는) 예수님께 경배하였다"(요한 9,38).

"경배하였다"라는 말은 공동번역에서는 "꿇어 엎드렸다"라고 번역되었는데, 이는 그가 단호한 의지를 가지고 예수님 앞에 무릎을 꿇고 경배하였음을 의미합니다.

종합적으로 봤을 때, "너는 사람의 아들을 믿느냐?"시는 예수님의 질문에 눈뜬 이는 사실상 3단계 영적 변화 과정으로 답변했습니다.

처음에 그분은 그저 "누군가"였습니다. 그러기에 그는 "누군가"가 눈을 뜨게 해주었다고만 증언할 뿐이었습니다.

다음에는 예수님이 분명 범상치 않은 "예언자"일 것이라는 확신을 가지게 됩니다. 이는 아직 그에게 예수님은 구약적 의미의 큰 인물정도로 보였음을 드러내줍니다.

그리고 마지막에는 "믿습니다"라고 고백하며 예수님을 "주님"이라고 불렀습니다. 그는 이렇게 예수님을 "메시아"로 믿었을 뿐아니라, 예수님께 경배까지 했습니다.

똑같은 물음을 예수님께서는 우리에게도 던지십니다.

당연히 우리는 "믿습니다"라고 답합니다. 우리는 "사도신경"을 고할 때마다 이 믿음을 고백합니다.

하지만 구체적인 상황 속에서 예수님을 믿는지 안 믿는지는 별개의 문제입니다. 추상적인 구원에 대해서 믿는 것은 쉬워도, 구체적인 사건 속에서 극적으로 역사하시는 그분 도움의 손길을 믿는 것은 녹록지 않기 때문입니다.

이렇게 더듬어본 복음의 은혜 가운데, 더 머물고 싶어지는 말씀은 "믿느냐?"(요한 9,35)입니다.

빼도 박도 못 하는 궁지에 몰렸을 때,
주님 한 분만을 의지할 수 있을까.

자력으로 해결할 수 없는 곤경에 처했을 때,
주님께만 도움의 손길을 요지부동으로 청할 수 있을까.

모두가 먹구름 전망으로 절망하고 있을 때,
주님만 바라보며 희망을 말할 수 있을까.

믿는가?

이리 나와라

사순 제5주일을 지내는 우리는 오늘 복음에서 유명한 라자로의 소생 이야기를 듣게 됩니다.

예수님께서 많은 표징을 행하시자 대사제들과 바리사이들은 위협을 느끼기 시작했습니다. 수많은 이들이 예수님을 믿고 따르게 되었기 때문입니다. 그러자 그들은 예수님을 죽이기로 결정합니다. 그런데 그 결정이 내려진 날이 바로 라자로가 부활한 날이었습니다. 결국 라자로의 부활은 예수님께서 행하신 마지막 표징이 되었고, 동시에 예수님께서 죽임을 당하시게 되는 결정적인 동기가 된 것입니다.

라자로와 마르타와 마리아는 주님께서 사랑하셨던 오누이들입니다(요한 11,5 참조). 라자로는 병을 얻어 앓다가, 전갈을 받으신 주님께서 왕림하시기 나흘 전에 죽습니다. 오시는 주님을 맞이하러

나간 마르타는 주님께서 계셨더라면 오빠가 죽지 않았을 것이라고 원망합니다(요한 11,21 참조).

예수님과 대화를 하던 마르타는 집으로 돌아와 마리아를 불러옵니다. "마리아도 울고 또 그와 함께 온 유다인들도 우는 것을 보신"(요한 11,33) 예수님께서는 마음이 북받치고 산란해지십니다. 급기야는 그들의 슬픔에 눈물로써 동참하십니다.

"예수님께서는 눈물을 흘리셨다"(요한 11,35).

이 대목은 우리로 하여금 묻게 합니다.

"눈물!? 복음서 기록의 맥락으로 보아 예수님께서는 분명히 라자로를 살리실 계획이셨는데, '울지 마라, 내가 곧 살려줄 테니!' 라고 분명히 선언하면 될 것을, 그것을 미리 아시고도 눈물?"

곰곰 뜻을 헤아려보면, 그럴듯한 이유가 짐작됩니다. 예수님의 이 눈물은 누구든지 겪어야 하는 사별의 슬픔, 곧 공간과 시대를 초월하여 인류가 겪어야 하는 인간적 상실의 고통에 대한 연민으로 흘리는 눈물인 것입니다.

이 연민을 누그러뜨리고서 예수님께서는 이제 라자로를 부활시키십니다. 예수님께서는 무덤 앞으로 안내받으시고 일행에게 무덤을 막았던 돌을 치우게 하십니다. 그 과정에서 마르타의 입에서 발설된, 시신에서 썩은 내가 난다는 말(요한 11,39 참조)은 절망감과 함께 라자로의 확실한 죽음을 확인시켜줍니다. 이윽고 예수님께서는 무덤이 있는 동굴 앞에서 큰 소리로 외치십니다.

"라자로야, 이리 나와라"(요한 11,43).

그러자 죽었던 라자로가, 손과 발은 천으로 감기고 얼굴은 수건으로 감싸인 채 살아나옵니다(요한 11,44 참조). 예수님께서는 라자로를 풀어주어 걸어가게 하십니다.

예수님께서 라자로를 살리신 일을 요한 복음은 "표징"(세메이온: semeion)이라고 표현합니다. "표징"은 그 뒤에 숨은 의미를 품고 있습니다. 곧 표징은 그것을 통해서 어떤 형식으로든 하느님의 영광이 드러나도록 해줍니다. 라자로를 살리신 기적은 예수님의 다음과 같은 자기주장을 확증해주는 표징이었습니다.

"나는 부활이요 생명이다. 나를 믿는 사람은 죽더라도 살고, 또 살아서 나를 믿는 모든 사람은 영원히 죽지 않을 것이다"(요한 11,25-26).

이것이 라자로의 소생 이야기가 가르치는 요점인 것입니다. 그러니까 라자로의 부활은 우리 자신의 부활을 믿도록 도와주는 사실적 증거라는 얘기입니다.

오늘 복음에서 라자로를 살리신 주님을 우리가 온전히 믿을 때, 주님께서는 우리도 이 시대 산송장들의 무덤에서 살려내실 것입니다.

이렇게 오늘 복음의 은혜를 더듬어 보았습니다. 그 가운데 더 머물고 싶어지는 말씀은 "이리 나와라"(요한 11,43)입니다.

어찌 죽음이 한 번뿐이랴.
굳이 죽음의 편린들을 열거할 필요가 있을까.
우리는 거듭 죽는다.

말씀은
"이리 나와라"
라고 호령하는 천둥이다.

그 뇌성, 주검을 일으켜 세운다.
병마에서, 우울에서, 낙심의 무덤에서
벌떡 일으켜 다시 걷게 하신다.

이리
나와라

어린 나귀

주님 수난 성지 주일 복음은 본래 "주님의 수난기"(마태 26,14—27,66)입니다만, 묵상을 위한 복음으로는 편의상 "주님의 예루살렘 입성 기념식 복음"(마태 21,1–11)을 택합니다.

이 복음 말씀이 전하는 예수님의 예루살렘 입성 사건에는 굉장히 깊은 뜻이 숨어 있습니다.

마태오 복음서는 예수님의 마지막 예루살렘 입성을 구세사적 절정 사건의 시작으로 보고, 오늘 복음 말씀에 앞서 예수님의 계획과 세상 사람들의 기대 사이에 일정한 차이가 있었음을 기술합니다.

우선 예수님께서는 당신의 예루살렘 입성이 영광과 승리의 길이 아니라 고난과 죽음의 길임을 확실히 밝혀두십니다.

"보다시피 우리는 예루살렘으로 올라가고 있다. 거기에서 사람의 아들은 수석 사제들과 율법 학자들에게 넘겨질 것이다. 그러면 그들은 사람의 아들에게 사형을 선고하고, 그를 다른 민족 사람들에게 넘겨 조롱하고 채찍질하고 나서 십자가에 못 박게 할 것이다"(마태 20,18-19).

그럼에도 불구하고 사람들은 예수님의 예루살렘 입성을 정치적 기대감에서 바라보았습니다.

야고보와 요한, 그리고 그들의 어머니는 예수님께서 예루살렘에 도착하면 자신의 나라를 세워 승리의 왕이 될 것으로 생각했습니다(마태 20,21 참조).

그뿐 아니라 "다윗의 자손"이라는 메시아 호칭을 크게 외친 눈먼 사람들의 부르짖음(마태 20,30.31 참조) 역시 지상의 권력을 쟁취한 영광의 왕을 고대하는 것이었습니다.

며칠 남지 않은 파스카 축제에 참가하기 위해 예루살렘을 방문한 순례자들에 의해 고무된 무리들은, 예수님께서 "다윗의 자손"으로서 어떻게든 로마 제국의 압제자들을 몰아내고 유다인의 왕이 되어줄 것을 잔뜩 기대하고 있었습니다.

이런 엇갈린 기대들을 배경으로 예수님께서는 예루살렘 입성을 준비하십니다. "예수님과 제자들이 예루살렘에 가까이 이르러 올리브 산 벳파게에 다다랐을 때"(마태 21,1), 예수님께서는 제자들을 시켜 예루살렘 입성 시 당신께서 타실 "암나귀"와 "어린 나귀"를 준비시키십니다. 이는 즈카르야 예언서의 예언 말씀이 이루어지기 위함이었습니다.

"보라, 너의 임금님이 너에게 오신다. 그분은 겸손하시어 암나귀를, 짐바리 짐승의 새끼, 어린 나귀를 타고 오신다"(마태 21,5).
이 기이한 선택은 사람들로 하여금 진정한 메시아는 힘센 말을 타고 위용 있게 행진하는 지상의 대왕과는 거리가 멀다는 것을 충분히 보여주고도 남습니다.

하지만 이를 알아채지 못한 수많은 군중은 예수님을 지상의 왕으로 환대합니다.
"예수님께서 그 위에 앉으시자, 수많은 군중이 자기들의 겉옷을 길에 깔았다. 또 어떤 이들은 나뭇가지를 꺾어다가 길에 깔았다"(마태 21,7-8).
이에 더하여 군중은 자신들의 염원을 담아 장차 왕위에 오르실 분께 환호성을 올립니다.
"다윗의 자손께 호산나! 주님의 이름으로 오시는 분은 복되시어라. 지극히 높은 곳에 호산나!"(마태 21,9)
"호산나"(hosanna)는 히브리어 "호쉬아나"(hoshiana)를 음역한 것으로, "구원하소서"라는 뜻을 지닌 부르짖음입니다. 본디 하느님께 도움을 요청하는 기도였던 이 외침이 "다윗의 후손"인 예수님께 향한 것은 정치적인 기대감에서였습니다.

이렇게 하여 예수님께서 예루살렘에 들어가시니 온 도성이 술렁거리며 묻습니다.

"저분이 누구냐?"(마태 21,10)

이 물음은 아직 예수님의 정체를 본격적으로 묻는 물음까지는 못됩니다. 문맥상, 그저 출신과 현재의 직책을 묻는 정도의 질문으로 읽힙니다. 그러기에 군중의 대답 역시 고만고만합니다.

"저분은 갈릴래아 나자렛 출신 예언자 예수님이시오"(마태 21,11).

이는 군중이 알고 있는 가장 객관적인 사실이었습니다. 군중에게 예수님은 여전히 "예언자"입니다. 왕으로 등극해주시기를 바라는 것은 아직 "기대"였던 것입니다.

잠시 후면 이 기대감은 무참하게 허물어질 것입니다. 그리고 "호산나"를 외쳤던 군중의 입술은 "십자가에 못 박으시오"로 돌변할 것입니다.

그것이 이어지는 수난 복음의 핵심 줄거리라 할 수 있습니다.

이렇게 오늘 복음의 은혜를 더듬어 봤습니다. 그 가운데 더 머물고 싶어지는 말씀은 "어린 나귀를 타고 오신다"(마태 21,5)입니다.

그분은 그렇게
어린 나귀를 타고 오셨다.

우리는 이렇게
어린 나귀를 업신여긴다.

어린 나귀

똑같이 보고

예수 부활 대축일!

비록 간접적이긴 하지만 예수님 부활의 역사적인 사실을 가장 먼저 알아챈 이들은 마리아 막달레나와 일행 여인들이었습니다.

다른 복음들은 모두 마리아 막달레나를 동행한 여인들이 있었다고 기술합니다. 특히 마르코 복음은 "야고보의 어머니 마리아와 살로메"(마르 16,1)라고 이름까지 밝힙니다.

하지만 요한 복음서는 오직 마리아 막달레나 이름만 언급합니다.

"주간 첫날 이른 아침, 아직도 어두울 때에 마리아 막달레나가 무덤에 가서 보니, 무덤을 막았던 돌이 치워져 있었다"(요한 20,1).

왜 요한 복음은 다른 여인들에 대한 기록을 생략했을까요? 이는, 전후 문맥으로 봤을 때, 요한 복음에서 마리아 막달레나가 거의 "제자급"으로 조명되고 있다는 사실과 무관하지 않은 듯합니다. 요한 복음은 마리아 막달레나가 예수님께서 돌아가시기 직전까지 그분의 십자가 곁에 함께 있었음을 굳이 기록하고 있습니다. "예수님의 십자가 곁에는 그분의 어머니와 이모, 클로파스의 아내 마리아와 마리아 막달레나가 서 있었다"(요한 19,25).

여기서도 요한 복음은 예수님의 친지가 되는 여인들의 이름을 나열한 후, "갈릴래아에서부터 예수님을 따르며 시중들던 이들"(마태 27,55)의 대표로 마리아 막달레나 이름만을 밝힙니다. 본래, 마리아 막달레나를 포함한 "갈릴래아" 여인들은 다른 복음서들의 진술에 따르면 "멀찍이 서서" 십자가의 예수님을 지켜볼 뿐이었습니다(루카 23,49; 마태 27,55-56; 마르 15,40-41 참조).

그런데, 여기 요한 복음이 명백히 언급하고 있듯이, 마리아 막달레나만이 예수님 어머니 일행에 끼어 "십자가 곁에" 서 있습니다. 바로 그 자리에는, "예수님께서는 당신의 어머니와 그 곁에 선 사랑하시는 제자를 보시고"(요한 19,26)라는 언급에 비춰보건대, 예수님의 특별 사랑을 받은 제자 요한이 함께 서 있었습니다. 바로 이 순간 요한 사도에게 비춰진 마리아 막달레나의 모습은 그 자리에 없었던 다른 열한 제자들보다 더 "제자스러웠을" 터입니다.

본래 마리아 막달레나는 예수님에게서 일곱 마귀를 치유받은 여인입니다(루카 8,2 참조). 이 일방적 은총에서 시작된 마리아 막달레나의 미련하리만치 충성스러웠던 예수님 따르기는 마침내 그

녀를 실질적 제자 반열에 들게 했던 것입니다.

어쨌든, 마리아 막달레나가 무덤에 가보니 이미 놀라운 일이 일어나 있었습니다.

"무덤을 막았던 돌이 치워져 있었다"(요한 20,1).

원문을 비교하면, 이 대목에서 다른 복음서는 "굴렸다"(아포퀼리오: apokulio)(마태 28,2; 마르 16,4; 루카 24,2 참조)라는 동사를 사용하고 있지만, 요한 복음은 돌을 "치웠다"(아이로: airo)라는 표현을 쓰고 있습니다. 이 둘은 서로 비슷한 단어가 아니라 다른 단어입니다. 굴린 것은 다시 제자리로 돌릴 수 있습니다. 하지만 치운 것은 원위치가 거의 불가능합니다.

여기서 우리는 돌의 기능에 주목할 필요가 있습니다. 돌은 죽은 자와 산 자를 격리시키는 역할을 합니다. 그러기에 그 돌이 "치워졌다"는 것은 산 자와 죽은 자의 경계, 따라서 삶과 죽음의 경계를 예수님의 부활이 허물어트렸다는 사실을 강조해주고 있는 것입니다.

요한 복음에서는 이 단어가 라자로를 소생시킨 예수님의 기적 이야기에도 등장합니다. 예수님은 라자로의 죽음을 슬퍼하시면서 그의 무덤으로 가십니다. 복음은 "무덤은 동굴인데 그 입구에 돌이 놓여 있었다"(요한 11,38)라고 전합니다. 중요한 사실은 예수님께서 입구에 놓인 "돌을 치워라(airo)"(요한 11,39)라고 명령하셨고 사람들이 그 돌을 치웠다는 것입니다.

요컨대, 요한은 "무덤을 막았던 돌이 치워져(airo) 있었다"(요한 20,1)라는 표현을 통해, 라자로의 소생에서 언급되었듯이 죄와 죽음을 상징하는 무덤에 있던 돌을 치운(airo) 분이 주님이라는 사실을 강조하고 있는 것입니다.

이는 또한 예수님께서 무덤에서 부활하시어 살아 계시다는 사실을 증언해주고 있습니다.

이 놀라운 사실을 마리아 막달레나는 즉시 제자들에게 전해줍니다.

"누가 주님을 무덤에서 꺼내 갔습니다"(요한 20,2).

마리아 막달레나로부터 이 얘기를 들은 베드로와 "다른 제자"(요한)는 황급히 무덤으로 달려갑니다. "다른 제자"의 양보로 먼저 무덤 안으로 들어간 베드로는 놓여 있는 아마포와 따로 한 곳에 개켜져 있는, 예수님의 얼굴을 쌌던 수건을 보았습니다. 복음에는 그가 단지 "보았다"(요한 20,6)라고만 기록되어 있습니다.

하지만 "다른 제자" 곧 요한은 들어가서 보고 믿었습니다.

"그리고 보고 믿었다"(요한 20,8).

똑같은 것을 보았지만 보는 눈이 있는 사람만 본다는 사실을 요한 복음은 가르쳐주고 있습니다.

하지만 요한 사도 자신도 "본" 다음에야 비로소 믿게 되었습니다. 그에게는 아직 근본적으로 아쉬운 점이 남아 있었던 것입니다. 그러기에 그는 그 자신을 포함하여 베드로를 위시한 모든 제자들에게 미흡했던 것이 무엇인지 이렇게 결론내립니다.

"사실 그들은 예수님께서 죽은 이들 가운데에서 다시 살아나셔야 한다는 성경 말씀을 아직 깨닫지 못하고 있었던 것이다"(요한 20,9).

이는 바꿔 말하면, 수난, 십자가, 부활로 이어지는 전대미문의 예수님 사건을 올바로 이해하려면 예수님의 사전 예고 말씀 및 그와 관련한 성경 말씀을 상기하며 그 빛으로 조명받을 필요가 있음을 깨우쳐줍니다. 또한 이는 첫 제자들과 초대교회 공동체가 주님의 부활체험 이후에, 성경 말씀을 다시 읽으면서 자신들의 믿음을 강화시켰다는 사실을 간접적으로 증언하고 있습니다.

사실, 요한 복음에는 이런 취지의 증언들이 적지 않게 있습니다. 대표적으로 하나만 예를 들면 이렇습니다.

"제자들은 처음에 이 일을 깨닫지 못하였다. 그러나 예수님께서 영광스럽게 되신 뒤에, 이 일이 예수님을 두고 성경에 기록되고 또 사람들이 그분께 그대로 해 드렸다는 것을 기억하게 되었다"(요한 12,16).

결론적으로, 성경의 예고 말씀과 일어난 사실, 이 두 가지가 합하여 예수님 부활의 확실성을 입증하고 있음을, 요한 복음은 궁극적으로 강조하고 있는 셈입니다.

이렇게 복음의 은혜를 더듬어보았습니다. 그 가운데 더 머물고 싶어지는 말씀은 "보고 믿었다"(요한 20,8)입니다.

    똑같이 현장엘 갔지만
    베드로는 보았을 뿐이고
    요한은 보고 믿었다.

    똑같은 흔적이었지만
    베드로에게는 그분이 "사라진" 흔적이었고,
    요한에게는 그분이 "부활하신" 흔적이었다.

똑같이 보고

믿는 이가 되면

부활 제2주일 복음 말씀은, 빈 무덤을 목격한 제자들이 집으로 돌아오고(요한 20,10 참조) 마리아 막달레나가 부활하신 주님을 만난 목격담을 제자들에게 전한 이후에(요한 20,18 참조) 이루어진 일을 전합니다.

"그날 곧 주간 첫날 저녁이 되자, 제자들은 유다인들이 두려워 문을 모두 잠가 놓고 있었다"(요한 20,19).

예수님께서 부활하셔서 열려져 비어 있는 무덤과는 달리, 제자들이 모여 있는 집은 문이 닫힌 채 잠겨 있습니다. 여기서는 단순히 "문"이라고 번역되어 있지만, 이는 본래 "문"을 뜻하는 그리스어 "뒤라"(thura)의 복수형 "뒤론"(thyron)이 쓰였습니다. 곧 제자들은 대문과 방문, 혹은 이중으로 되어 있는 문을 닫고 잠가놓은 것으로 볼 수 있습니다.

이는 두 가지를 시사합니다. 하나는 제자들의 위기의식이고, 다른 하나는 그럼에도 불구하고 예수님께서 아무런 제약 없이 그 안에 나타나셨다는 사실입니다.

제자들의 위기의식은 충분히 짐작되는 것이었습니다. 제자들은 마리아 막달레나가 전해준 부활 소식을 듣고 아직은 부활 자체에 초점을 맞출 여유가 없었습니다. 일단 일이 "빈 무덤", "시체 도난 사건" 등으로만 부각되어, 치안당국의 추적과 탄압이 자신들을 겨냥할 수 있다는 우려가 앞을 가렸을 수 있습니다. 게다가 부활하셨다는 예수님은 자신들에게는 부재일 따름입니다. 이로 인한 두려움은 십자가형의 충격을 상기시키면서 가히 공황 지경으로 상승되었을 터입니다.

이런 두려움의 중압감에서 2중 3중으로 꽁꽁 잠겨 있는 문들! 하지만 그 문들은 이제 부활하신 예수님께서 통과하여 들어오실 환영의 문들일 뿐이었습니다.

문들은 단단히 잠겨 있었지만, 부활하신 예수님은 아랑곳하지 않고 나타나셨습니다.

"그런데 예수님께서 오시어 가운데에 서시며, '평화가 너희와 함께!' 하고 그들에게 말씀하셨다"(요한 20,19).

예수님께서 그 문을 열고 들어오신 것이 아니라 홀연히 그들 "가운데에" 나타나셨다는 묘사에는 깊은 신학적 의도가 숨어 있습니다. 그들 "가운데에 서시며"는 부활하신 예수님께서 당신 제자들이 처한 어떤 절박한 현장에도 발현할 능력을 가지신 분이라는 사실을 말해줍니다. 이는 문맥상 예수님 당신이 제자들의 모든 활동의 중심축이며, 더 나아가 제자들의 심장인 마음 가운데에 현존하신다는 사실을 상징하고 있습니다.

이렇게 발현하신 예수님께서 주신 말씀은 세 가지로 요약됩니다.

첫째로, "평화가 너희와 함께!"(요한 20,19) 하고 인사말을 건네셨습니다. 여기서 "평화"를 뜻하는 "에이레네"(eirene)는 히브리어 "샬롬"(shalom)과 같은 뜻으로 쓰이며 동방에서의 일상적인 인사말이었습니다. 이로써 "문들"을 닫아걸게 한 두려움을 말끔히 몰아내십니다.

둘째로, "성령을 받아라"(요한 20,22)라시며 성령의 입김을 불어넣어주셨습니다. 이로써 땅 끝까지 복음의 사도로 파견할 채비를 갖춰주셨습니다.

셋째로, "너희가 누구의 죄든지 용서해 주면 그가 용서를 받을 것이고, 그대로 두면 그대로 남아 있을 것이다"(요한 20,23)라시며 용서의 권한을 제자들에게 위임하셨습니다. 이는 사실상 "파견"의 핵심이 되는 사명이기도 했습니다.

그런데, 첫 번째 발현 현장에 없었던 토마스는 제자들로부터 예수님의 발현 소식을 듣고 부정적인 반응을 보였습니다.

"나는 그분의 손에 있는 못 자국을 직접 보고 그 못 자국에 내 손가락을 넣어 보고 또 그분 옆구리에 내 손을 넣어 보지 않고는 결코 믿지 못하겠소"(요한 20,25).

이 의심의 말을 예수님은 귀담아 들으셨습니다. 그러기에 두 번째 발현의 자리에서 토마스와 거의 일대일의 대화를 나누십니다.

"그러고 나서 토마스에게 이르셨다"(요한 20,27).

이 말씀의 그리스어 문장 "레게이 토 도마"(legei to Thoma)는 예수님께서 그 자리에 오신 것이 마치 토마스 한 사람을 위한 일인 것처럼 느껴지게 해줍니다. 이는 예수님 사랑의 표시입니다. 이 사랑으로 예수님은 말씀하십니다.

"네 손가락을 여기 대 보고 내 손을 보아라. 네 손을 뻗어 내 옆구리에 넣어 보아라. 그리고 의심을 버리고 믿어라"(요한 20,27).

여기서 "의심을 버리고 믿어라"라고 번역된 대목의 그리스어 원문은 좀 다르게 표현되어 있습니다. 직역하면, "'아피스토스'(apistos)가 되지 말고 '피스토스'(pistos)가 되어라" 곧 "'안 믿는 이'가 되지 말고 '믿는 이'가 되어라"가 됩니다. 이는 단지 의심을 버리고 믿는 것보다는 훨씬 더 근본적인 마음의 태도를 가리킵니다.

이는 토마스가 그토록 예수님을 오래 따라다녔어도 지난 3년 간 예수님께서 해주신 말씀과 행하신 사랑들에 대해 여전히 "긴

가민가"하는 회의를 품었음을 시사합니다.

그랬는데, 예수님은 저렇게 친절하게 일대일 멘토링을 주셨습니다. 이 맞춤 사랑으로 인하여, 토마스에게 믿음의 눈이 활짝 열리는 기적이 일어났습니다. 그는 마침내 고백합니다.

"저의 주님, 저의 하느님!"(요한 20,28)

놀랍게도 이는 "스승님은 살아 계신 하느님의 아드님 그리스도이십니다"(마태 16,16)라는 베드로의 고백을 추월하는 고백이었습니다. 예수님을 "주님"(퀴리오스: Kyrios)과 "하느님"(데오스: Theos)으로 고백했기 때문입니다.

이렇게 복음의 은혜를 더듬어 봤습니다. 그 가운데 더 머물고 싶어지는 말씀은 "의심을 버리고 믿어라"(요한 20,27)입니다.

믿는 이가 되면 통째로 믿어지지.
안 믿는 이가 되면 전부 의심되지.

믿는 이가 되면,
기적도, 부활도, 영원한 삶도 다 믿어지지.

안 믿는 이가 되면,

기적? 부활? 영원한 삶? 하나하나가 의심거리지.

묵으십시오

오늘 복음 말씀은 그 유명한 "엠마오로 가는 두 제자"의 이야기입니다. 이 이야기는 루카 복음서만의 고유한 것으로, 예수님의 시신을 찾으러 갔다가 "빈 무덤"을 발견한 여자들이 예수님의 부활 소식을 접한 이야기(루카 24,1-12 참조)와 부활하신 예수님께서 제자들에게 사명을 주시고 승천하신 이야기(루카 24,36-53 참조) 사이에 위치하고 있습니다.

애당초 두 제자는 눈이 가려져서 부활하신 예수님을 알아 뵙지 못했습니다. 사실 그들은 예수님의 부활에 대해서도 믿지 못했습니다. 하지만, 예수님과 동행하면서 점차 깨달음으로 나아갑니다.

처음에는, 성경에 대한 예수님의 가르침과 당신 자신에 대한 말씀을 통하여 깨달음의 계기가 주어집니다.

"모세와 모든 예언자로부터 시작하여 성경 전체에 걸쳐 당신에 관한 기록들을 그들에게 설명해 주셨다"(루카 24,27).

이어, 제자들은 그분과 함께 머물고 싶어 하는 강렬한 소망을 품으면서 자신들도 모르게 예수님의 매력에 빨려 들어갑니다.

"저희와 함께 묵으십시오. 저녁때가 되어 가고 날도 이미 저물었습니다"(루카 24,29).

이 초대로써 예수님에 대한 제자들의 본능적인 친근감이 되살아납니다.

결정적으로, 두 제자는 저녁식사 때 예수님의 성찬 거행을 통하여 눈이 열려 비로소 예수님을 알아보게 됩니다.

"그러자 그들의 눈이 열려 예수님을 알아보았다"(루카 24,31).

그들이 비로소 예수님을 알아보았을 때, 예수님께서는 이미 사라지고 보이지 않으셨습니다. 당황한 그들은 서로 말합니다.

"길에서 우리에게 말씀하실 때나 성경을 풀이해 주실 때 속에서 우리 마음이 타오르지 않았던가!"(루카 24,32)

이제 제자들은 이 황홀한 기쁨을 수습하고, 예루살렘으로 돌아가 이 일에 관하여 다른 제자들과 동료들에게 증언합니다.

이 이야기가 우리에게 전하는 메시지는 명료합니다. 부활하신 주님을 우리가 만나는 길은 "말씀", "모시고 싶은 열망", 그리고

"성찬례"라는 것입니다.

이와 더불어 엠마오로 가는 제자들의 이 은혜로운 체험은 우리에게 "절망"에서 "희망"으로 나아가는 길을 제시해줍니다.

두 제자가 예수님을 알아 뵙지 못했을 때에는 절망의 상태에 놓여 있었습니다. 그러나 예수님께서 그들에게 성경 말씀을 풀어주실 때 그들은 마음이 뜨거워짐을 느꼈고, 부활하신 예수님을 알아 뵈었을 때는 기쁨의 상태로 넘어갔습니다.

우리 역시 주님을 알아 뵙지 못하면 절망의 상태에 놓여 있을 것입니다. 하지만, 우리가 신앙을 통하여 주님을 알아 뵈면 우리는 희망과 기쁨을 누리게 되는 것입니다.

긴가민가한 상태에서도 그들은 본능적으로 예수님을 붙잡았습니다.

"저희와 함께 묵으십시오"(루카 24,29).

이는 이미 제자들의 마음속에서는 무언가 설명할 수 없는 뜨거움이 꿈틀대고 있었음을 느낌 있게 드러내줍니다.

엠마오로 가던 두 제자의 이 청을 예수님께서 기꺼이 받아들이셨던 것은, 그들 마음이 진실로 당신과 함께하길 갈망했기 때문입니다.

우리도 아무런 사심 없이 오직 주님만을 원할 때, 그분은 이렇듯 언제라도 어떤 계기로서라도 우리와 함께하여 주실 것입니다.

　　이렇게 복음의 은혜를 더듬어 보았습니다. 그 가운데 더 머물고 싶어지는 말씀은 "저희와 함께 묵으십시오"(루카 24,29)입니다.

　　늦은 저녁이 아니라도
　　당신 소매를 부여잡습니다.

　　제가 사랑이 고픕니다
　　제가 외롭습니다
　　제가 말벗이 필요합니다
　　제가 두렵습니다

　　부디
　　누추한 제 영혼의 집에
　　한 순간이라도
　　묵어주세요.

묵으십시오

앞장서 가고

　오늘은 부활 제4주일이면서, 성소 주일입니다. 사실 성소(聖召)
는 넓은 의미에서 모든 신자들이 주님께로부터 받은 부르심을 뜻
합니다. 부름 받지 않은 신자는 없습니다.

　하지만 오늘 요한 복음 말씀은 특별히 "목자"의 직분에 대하여
초점이 맞춰져 있습니다. 그러기에 복음 말씀의 묵상은 편의상
사제 성소에 집중한 것이 되겠습니다만, 여기에도 세상에서 신자
들이 감당해야 하는 평신도 사도직이 포괄된다고 보는 게 마땅할
것입니다.

　복음 말씀에서 예수님께서는 목자의 비유를 드십니다. 당신을
"목자"라고 지칭하시면서 "도둑이며 강도"와 차별성을 드러내십
니다. 그런데 여기서 주의를 요하는 것은 복음에 등장하는 "도둑

이며 강도"(요한 10,1) 또는 "낯선 사람들"(요한 10,5)이 문맥상으로는 "목자" 행세를 한다는 사실입니다.

이런 맥락에서, 오늘 복음 말씀을 "목자"와 "거짓 목자"로 구별하여 읽는 것이 핵심을 파악하는 데 도움이 된다고 여겨집니다.

예수님께서는 "목자"와 "거짓 목자"의 차이를 네 가지 관점에서 드러내십니다.

첫째로, 사실상 양들의 도둑이며 강도인 거짓 목자는 양 우리의 문으로 들어가지 않고 다른 데로 넘어 들어가지만(요한 10,1 참조), 목자는 양 우리의 문으로 들어갑니다(요한 10,2 참조).

둘째로, 양들은 목자의 목소리를 알아듣지만(요한 10,3 참조), 거짓 목자의 소리는 낯선 사람의 것이라 여깁니다.

셋째로, 양들은 목자를 따르지만(요한 10,4 참조), 거짓 목자는 피해 달아납니다(요한 10,5 참조).

넷째로, 거짓 목자는 양들을 훔치고 죽이고 멸망시키지만(요한 10,10 참조), 목자는 양들이 생명을 얻고 또 얻어 넘치게 합니다(요한 10,10 참조).

여기서 양들의 목자는 분명 주님을 가리키고 있습니다. 반면에, 거짓 목자는 에제키엘 예언서 34장에 나오는 타락한 목자들을 연상시킵니다.

"불행하여라, 자기들만 먹는 이스라엘의 목자들! 양 떼를 먹이는 것이 목자가 아니냐? 그런데 너희는 젖을 짜 먹고 양털로 옷을 해 입으며 살진 놈을 잡아먹으면서, 양 떼는 먹이지 않는다. 너희는 약한 양들에게 원기를 북돋아 주지 않고 아픈 양을 고쳐 주지 않았으며, 부러진 양을 싸매 주지 않고 흩어진 양을 도로 데려오지도, 잃어버린 양을 찾아오지도 않았다. 오히려 그들을 폭력과 강압으로 다스렸다. 그들은 목자가 없어서 흩어져야 했다. 흩어진 채 온갖 들짐승의 먹이가 되었다. 산마다, 높은 언덕마다 내 양 떼가 길을 잃고 헤매었다. 내 양 떼가 온 세상에 흩어졌는데, 찾아보는 자도 없고 찾아오는 자도 없다"(에제 34,2-6).

하느님의 진노는 이들 거짓 목자들에게 "불행하여라"라는 선언을 하기에 이릅니다. 이는 사실상 엄중한 책임추궁, 곧 심판을 의미하는 것이었습니다.

그 대신에 하느님 친히 목자가 되시어 나설 의지를 밝히십니다.

"내가 몸소 내 양 떼를 먹이고, 내가 몸소 그들을 누워 쉬게 하겠다. 주 하느님의 말이다. 잃어버린 양은 찾아내고 흩어진 양은 도로 데려오며, 부러진 양은 싸매 주고 아픈 것은 원기를 북돋아 주겠다"(에제 34,15-16).

결과적으로 이는 예수님을 통하여 성취되었고, 이제 제자들의 목자직을 통하여 계승되었습니다.

목자의 비유를 전하는 복음 말씀에서 모든 구절이 귀한 성찰의 주제이지만, 그중 두 말씀이 유독 우리의 양심을 흔들어댑니다.

"그는 앞장서 가고 양들은 그를 따른다"(요한 10,4).

목자가 앞장서 가는 이유는 먼저 지형지물을 파악하고 위험을 인지하여 양들을 안전하게 인도하기 위함입니다. 그리하여 푸른 풀밭으로 양들을 안착시키기 위함입니다. 그곳에서 양들은 평화로이 풀을 뜯으며 생명의 풍요를 누리도록 말입니다.

"나는 양들이 생명을 얻고 또 얻어 넘치게 하려고 왔다"(요한 10,10).

양들이 생명을 얻는다는 것은 목자의 입장에서 볼 때는 "살리는 것"을 가리킵니다. 사목의 최우선 과제는 무조건 양들을 살리는 것입니다.

살리되 그 생명이 차고 넘치는 풍요를 누리도록 해주어야 합니다. 물적 양식으로 배불러 풍요로운 것이 아니라, 영적 양식으로 인하여 기쁨과 사랑과 평화의 풍요를 누리도록 해주어야 합니다.

성찰이 깊어질수록 말씀의 양식이 더욱 소중히 여겨짐에 숙연해질 뿐입니다.

이렇게 복음의 은혜를 더듬어 봤습니다. 더 머물고 싶어지는 말씀은 "그는 앞장서 가고"(요한 10,4)입니다.

이리 떼 가운데
양들의 무탈을 위하여
그분 홀로 앞장서 가신다.

먼저 보고,
먼저 비바람 맞고,
먼저 슬프고,
먼저 아프시며,
딱 한 걸음
앞서 가신다.

앞서서 가고

아무도

오늘 복음은 요한 복음 13장에서 17장에 걸쳐 그려지는 "최후의 만찬" 대목 안에 위치한 말씀입니다. 예수님께서는 파스카 축제를 지내기 위해 예루살렘에 입성하신 후, 최후의 만찬 상에서 유다와 베드로의 배신을 예고하십니다. 그런 다음 긴 연설(요한 14,1—16,33 참조)을 하시는데 오늘 말씀이 바로 이 연설 첫 머리에 해당합니다.

이야기의 발단이 된 것은 예수님께서 십자가 수난으로 인하여 얼마 후 닥칠 부득이한 이별을 내다보시고 제자들에게 이별연습의 어조로 발설하신 말씀이었습니다.

"얘들아, 내가 너희와 함께 있는 것도 이제 잠시뿐이다. 〔…〕 '내가 가는 곳에 너희는 올 수 없다'"(요한 13,33).

가뜩이나 바로 직전 유다의 배반 예고로 마음이 심란해져 있던

판(요한 13,21-30 참조)에, 예수님께서 뜬금없는 말씀을 하시니 슬퍼진 베드로는 즉시 묻습니다.

"주님, 어디로 가십니까?"(요한 13,36)

이에 예수님께서는 "내가 가는 곳에 네가 지금은 따라올 수 없다"(요한 13,36)라고 에둘러 답하십니다. 그러자 베드로는 "주님, 어찌하여 지금은 주님을 따라갈 수 없습니까? 주님을 위해서라면 저는 목숨까지 내놓겠습니다"(요한 13,37)라고 장담합니다. 이 말에 예수님께서는 베드로의 배반을 예고하십니다.

"닭이 울기 전에 너는 세 번이나 나를 모른다고 할 것이다"(요한 13,38).

제자들의 마음이 술렁거렸을 것은 당연한 일이었습니다. 그런 제자들의 마음을 누구보다 잘 아신 예수님께서는 따뜻하고도 힘 있는 당부로써 위로와 확신을 주십니다.

"너희 마음이 산란해지는 일이 없도록 하여라. 하느님을 믿고 또 나를 믿어라"(요한 14,1).

몸은 떨어져 있어도 아버지 하느님 곁에서 늘 당신의 제자들을 지켜봐주실 것이기에, 예수님께서는 "나를 믿어라" 하고 말씀하셨을 터입니다.

이어 예수님께서 당신 가시는 길에 대해 보다 소상히 말씀해주십니다. 하지만 제자들에게는 여전히 알아듣기 어려운 언사들일 뿐입니다.

바로 이 상황에서 "이과형" 제자 토마스와 필립보가 자신들의 역할을 톡톡히 해냅니다. 여기서 우리는, 참고로, 토마스 사도가 부활하신 주님께 대하여 실증적 검증을 요구했던 일(요한 20,25 참조)과 필립보 사도가 5,000명을 먹이신 빵의 기적 사건 때에 현실적 사고방식을 보였던 일(요한 6,7 참조)을 상기할 필요가 있습니다.

먼저, 토마스가 나서서 묻습니다.
"주님, 저희는 주님께서 어디로 가시는지 알지도 못하는데, 어떻게 그 길을 알 수 있겠습니까?"(요한 14,5)
이에 예수님께서는 그 유명한 말씀으로 대답해주십니다.
"나는 길이요 진리요 생명이다. 나를 통하지 않고서는 아무도 아버지께 갈 수 없다. 너희가 나를 알게 되었으니 내 아버지도 알게 될 것이다. 이제부터 너희는 그분을 아는 것이고, 또 그분을 이미 뵌 것이다"(요한 14,6-7).
길이요 진리요 생명! 이는 주님만이 하느님과 인간들을 일치시키는 완전한 중재자(길)이며, 하느님의 구원 계획을 재현하는 결정적인 계시자(진리)이고, 하느님의 영원한 생명에 인간을 참여시키는 세상의 유일한 구세주(생명)라는 의미입니다.
이제 필립보 차례입니다. 그는 "길이요 진리요 생명"이라는 핵심적 언급의 의미를 알았는지 몰랐는지, 오히려 그다음 말씀에 더 큰 관심을 보입니다. 그래서 다소 엉뚱한 듯한 요청을 합니다.

"저희가 아버지를 뵙게 해 주십시오"(요한 14,8).

이에 예수님께서는 그의 눈높이에 맞춰 조목조목 보충 말씀을 주십니다.

"나를 본 사람은 곧 아버지를 뵌 것이다. 그런데 너는 어찌하여 '저희가 아버지를 뵙게 해 주십시오.' 하느냐? 내가 아버지 안에 있고 아버지께서 내 안에 계시다는 것을 너는 믿지 않느냐?"(요한 14,9-10)

여기서 예수님께서 "나"라고 언급하신 것은 예수님의 활동과 말씀을 가리킵니다. 곧 예수님의 "일"과 "말씀"이 예수님과 하느님 아버지의 상호 내재성을 드러내준다는 얘기입니다.

결국, 예수님의 결론 말씀은 "믿음"의 권고입니다.

"나를 믿는 사람은 내가 하는 일을 할 뿐만 아니라, 그보다 더 큰 일도 하게 될 것이다"(요한 14,12).

여기서 "더 큰 일"은 그리스어 본문에서 "메이조나 투톤"(meizona touton)으로, "메이조나"는 "더 큰"이라는 질보다 양적인 것을 나타내는 형용사 "메가스"(megas)의 비교급입니다. 또한 "투톤"은 예수님께서 공생활 기간 동안 행하신 수많은 표징들을 가리킵니다.

그런데 여기서의 "더 큰 일"이란 표현은 예수님의 일들을 보충

하거나 능가한다는 것을 의미하지 않습니다. 사실 어떤 위대한 사람이라도 주님보다 더 큰 일을 할 수는 없습니다.

그러기에 "더 큰 일을 하게 될 것이다"라는 말씀은 예수님께서 팔레스티나라는 특정지역에서 완수하신 일을 더 넓게 퍼트려나가 이윽고 "땅 끝에 이르기까지" 구원활동의 영역을 넓힐 것이라는 의미로 알아들을 수 있습니다.

이렇게 복음의 은혜를 더듬어 보았습니다. 그 가운데 더 머물고 싶어지는 말씀은 "아무도"(요한 14,6)입니다.

아무도 스스로 길이 아니다.
누구나 하늘에 오르려면
길이신 그분을 통해야 한다.

아무도 스스로 진리가 아니다.
누구나 궁극의 지혜를 얻으려면
진리이신 그분의 말씀을 들어야 한다.

아무도 스스로 생명이 아니다.

누구나 영원히 살려면
생명이신 그분의 젖줄을 물어야 한다.

아무도

알고 있다

오늘 복음 말씀은, 지난 부활 제5주일에 이어, 예수님께서 제자들과 최후의 만찬 중에 하신 고별사 중 한 부분입니다.

그 내용은 주님께서 하느님 아버지께로 가시기 전에 제자들에게 남기신 당부와 약속의 말씀입니다.

먼저 예수님께서는, 당장 코앞에 닥친 작별을 통절히 느끼시면서, 제자들에게 당신을 향한 사랑을 길이 유지할 방도를 제시하십니다.

"너희가 나를 사랑하면 내 계명을 지킬 것이다"(요한 14,15).

유념할 것은 여기서 예수님께서 말씀하시는 사랑은 당신 자신에 대한 사랑이라는 사실입니다. 그러기에 예수님 당부의 핵심은 부디 당신을 향한 그 사랑으로 "내 계명" 곧 당신께서 그동안 제자들에게 가르쳐주신 모든 것을 충실히 지키라는 말씀입니다.

그렇다면 관건이 되는 것은 이 사랑의 결속을 어떻게 유지할 것인가 입니다. 그 답을 대신하여 예수님께서는 성령의 파견을 약속해주십니다.

"내가 아버지께 청하면, 아버지께서는 다른 보호자를 너희에게 보내시어, 영원히 너희와 함께 있도록 하실 것이다"(요한 14,16).

여기서 "보호자"로 번역된 그리스어 원어 "파라클레토스"(parakletos)는 협조자 또는 위로자라고 번역하기도 합니다. 성령은 세상에서 하느님의 올바른 길을 찾고 선택하도록 신앙인들을 위로하고 보호하며 조언하는 역할을 하기에 그렇습니다.

그런데 제자들에게 "보호자" 성령에 대한 예수님의 언급은 뜬금없게 들렸을 것입니다. 그 답답함을 이어지는 말씀이 해소해줍니다.

"그분은 진리의 영이시다. 세상은 그분을 보지도 못하고 알지도 못하기 때문에 그분을 받아들이지 못하지만, 너희는 그분을 알고 있다. 그분께서 너희와 함께 머무르시고 너희 안에 계시기 때문이다"(요한 14,17).

사실 이 말씀은 예수님과 제자들 사이에서 일치의 신비를 이루고 있는 성령에 대한 설명으로서, 당시 제자들이 온전히 알아듣기에는 벅찬 것이었습니다. 하지만, 제자들은 예수님을 제자로서 따르는 동안, 자신들 안에 어떤 비밀스런 능력과 지혜가 함께하고 있었음을 모두가 공감하고 있었습니다.

이 공감에서 출발하여 곰곰 그 일치의 느낌을 더듬어보고 있는 제자들의 귓전에 예수님의 이어지는 말씀이 들려옵니다.

"나는 너희를 고아로 버려두지 않고 너희에게 다시 오겠다"(요한 14,18).

여기서 "고아"는 보호자가 없는 상태를 가리킵니다. 그러기에 "고아로 버려두지 않고"는, 예수님께서 제자들 곁을 떠나는 일이 생기더라도, 다른 보호자를 보내주실 것임을 가리킵니다.

따라서 이 말씀은 "진리의 영"이 예수님을 대신하여 보호자 역할을 해주실 것이라는 약속으로서 의미를 지닙니다. 이에 대하여 예수님께서는 부가적으로 언급하십니다.

"이제 조금만 있으면, 세상은 나를 보지 못하겠지만 너희는 나를 보게 될 것이다. 내가 살아 있고 너희도 살아 있을 것이기 때문이다"(요한 14,19).

여기서도 "세상"과 "너희"(제자들)가 대조를 이룹니다.

"세상"은 빛을 비추러 오신 예수님을 받아들이지 않았기 때문에 예수님께서 십자가 위에서 죽으시고 무덤에 묻힌 후, 더 이상 볼 수도 없고, 믿지도 못합니다.

반면에 "제자들"은 예수님께서 부활하시는 날, 성령을 받고 신앙 안에서 주님을 뵙게 될 것입니다. 또한 성령께서는 그들과 함께하시면서 모든 것을 안내해주실 것입니다.

끝으로 예수님께서는 처음의 당부 말씀을 좀 더 소상히 개진하시면서 제자들의 뇌리에 박아주십니다.

"내 계명을 받아 지키는 이야말로 나를 사랑하는 사람이다. 나를 사랑하는 사람은 내 아버지께 사랑을 받을 것이다. 그리고 나도 그를 사랑하고 그에게 나 자신을 드러내 보일 것이다"(요한 14,21).

이리하여, 예수님의 최후 고별사는 사랑의 일환으로써 계명의 준수에 대한 언급에서 출발하여 다시 주님 계명을 준수하는 이 안에서 이루어지는 사랑의 신비스런 교류에 대한 언급으로 끝을 맺습니다.

그리고 그 사이 여백을 빼곡히 메운 것이 성령에 대한 약속과 설명입니다. 말씀이 돌고 돌아 복잡한 듯하지만, 요지는 간결합니다.

"성령은 '협조자'(=보호자)이며 '진리의 영'이시다. 예수님의 부재 중에도 성령께서 임하시면 제자인 우리들은 '협조자'이신 성령의 도움으로 예수님과 사랑의 통교를 이루게 될 것이며, 또한 '진리의 영'이신 성령에 힘입어 예수님의 가르침을 온전히 실행하게 될 것이다. 그런데 이 둘은 결국 하나의 현상이다. 왜냐하면 누군가를 사랑하는 것과 그의 말을 지키는 것은 동일한 것이기 때문이다."

바로 이런 의미로 알아들을 수 있겠습니다.

이렇게 복음의 은혜를 더듬어 보았습니다. 그 가운데 더 머물고 싶어지는 말씀은 "너희는 그분을 알고 있다"(요한 14,17)입니다.

　제가 알고 있었던 성령님,
　고백입니다만 저는 당신을 모릅니다.

　제가 알고 있었던 성령님,
　바람입니다만 저는 당신을 더 알고 싶습니다.

　제가 알고 있었던 성령님,
　욕심입니다만 저는 당신을 느끼고 싶습니다.

알고있다

언제나

주님 승천 대축일을 지내는 오늘 복음 말씀은 짧습니다. 하지만 그 안에 담고 있는 내용들은 우리로 하여금 큰 꿈을 가지게 하는 동시에 위로를 줍니다.

오늘 복음 말씀은 사실 주님의 승천에 대하여 직접적으로 언급하지 않습니다. 그 이야기의 전말에 대하여는 제1독서 말씀인 사도행전이 압축적으로 전해줍니다.

"예수님께서는 이렇게 이르신 다음 그들이 보는 앞에서 하늘로 오르셨는데, 구름에 감싸여 그들의 시야에서 사라지셨다"(사도 1,9).

사실, 주님께서 하늘로 올라가신 승천은 부활의 신비와 함께 또 하나의 감추어진 신비입니다. 주님께서 하늘로 어떻게 올라가셨는지, 또 하늘 어디에 계신지를 찾으려 한다면 그것은 무익한 일일 것입니다. 우리나라의 옛 성현들은 하늘을 두고, 시작과 끝이 없고, 위아래와 사방이 없어서 비고 또 비어 있으나, 품지 아니한 것이 없다고 표현하기도 했습니다. 아마 하늘이 끝도 없이 펼쳐져 있기에, 하늘을 볼 수 없는 곳이 세상 어디에도 없다는 뜻일 것입니다.

확실한 것은 예수님께서 제자들 시야에서 사라지셨다는 사실입니다. 제자들은 망연자실하여 하늘 허공만을 올려다볼 뿐입니다. 그때 천사들의 메시지가 내려옵니다.

"갈릴래아 사람들아, 왜 하늘을 쳐다보며 서 있느냐? 너희를 떠나 승천하신 저 예수님께서는, 너희가 보는 앞에서 하늘로 올라가신 모습 그대로 다시 오실 것이다"(사도 1,11).

여기서 승천의 의미가 "하늘로 올라가신 모습 그대로 다시 올 것이다"라는 말씀에 암시되어 있습니다. 곧 예수님의 승천은 한 지역과 시대의 메시아로서 파견 임무를 마치고 바야흐로 모든 지역과 모든 시대의 메시아로 귀환하셨음을 뜻합니다. 그러기에 예수님께서는 승천을 통하여 어느 때든 어디든 찾아가실 수 있는 자유를 회복하신 것이라고 볼 수 있습니다. 이것이 "하늘로 올라가신 모습 그대로 다시 올 것이다"라는 말씀의 참 뜻인 것입니다.

승천의 이러한 의미에 대하여 전임 교황 베네딕토 16세는『나자렛 예수2』에서 다음과 같이 언급합니다.

"제자들은 홀로 남겨진 것처럼 느끼지 않았습니다. 그들은 예수님께서 자신들로부터 멀리 떨어져 그들이 도달할 수 없는 하늘로 사라지셨다고 보지 않습니다. 그들은 분명히 예수님의 새로운 현존을 확신했습니다. 그들은 그분께서 바로 지금 새롭고 강력한 방식으로 그들에게 현존하신다는 사실을 확신했습니다. 그들은 그분께서 '들어 올려지신' '하느님의 오른쪽'이 그분 현존의 새로운 양식을 내포한다는 것을, 그분께서는 이제 하느님만이 하실 수 있는 방식으로 그들 가까이에, 영원히 그들 가운데 계신다는 것을 압니다."

비록 제자들의 시야에서 예수님은 사라지셨지만, 지상에서의 구원사업은 교회와 제자들을 통하여 계승되어야 합니다. 이런 이유로 예수님께서는 승천을 앞두시고 오늘 복음 말씀이 전하는 지상명령을 남기십니다.

먼저 예수님께서는 지상명령을 남기는 당신 자신의 권한을 확실히 상기시켜주십니다.

"나는 하늘과 땅의 모든 권한을 받았다"(마태 28,18).

이 말씀은 "이제부터 내가 너희에게 명하는 것은 절대적인 것이다. 최우선적이자 최후의 명령이니 목숨 바쳐 이행하라. 그에 따른 책임과 상급은 전적으로 '나' 너희 주님의 소관이다"라는 뜻으로 알아들을 수 있습니다.

이 선언을 근거로 하여 예수님께서는 제자들에게 "가서 모든 민족들을 제자로 삼을 것"을 명령하십니다.

"그러므로 너희는 가서 모든 민족들을 제자로 삼아, 아버지와 아들과 성령의 이름으로 세례를 주고, 내가 너희에게 명령한 모든 것을 가르쳐 지키게 하여라"(마태 28,19-20).

사실상 오늘 우리 그리스도인 역시 이 선교사명으로 파견받았습니다. 그것도 "모든 민족"을 대상으로 하는 거대한 선교 계획입니다.

하지만 이 위대한 사명은 우리 스스로가 감당하기에는 너무도 버겁다는 생각을 떨쳐버릴 수 없습니다. 예수님께서는 이미 그 고충을 아시고, 응원의 말씀을 덧붙이십니다.

"보라, 내가 세상 끝 날까지 언제나 너희와 함께 있겠다"(마태 28,20).

마태오 복음서는 이 말로써 기록을 마칩니다. 이는 바로 마태오 복음서 저자의 사상입니다. 그는 복음서를 시작하면서 예수님에 대하여 "임마누엘", 곧 "하느님께서 우리와 함께 계시다"라는 이름으로 소개했습니다(마태 1,23 참조).

이제 그 이름은 제자들의 선교 사명을 동행하는 보증이 되어줍니다.

이렇게 복음의 은혜를 더듬어 보았습니다. 그 가운데 더 머물고 싶어지는 말씀은 "언제나 너희와 함께 있겠다"(마태 28,20)입니다.

신의 실종.
신의 침묵.
신의 사망!
무신론자들은 연신 신의 부재(不在)를 선고하지만,
신은 "나 아직 살아 있다"라고 완고하게 우기신다.

그리고 당신의 변호인으로 우리를 세우신다.

언제나

그대로

성령 강림 대축일을 위한 복음 말씀은 사실상 부활 제2주일 복음 말씀과 겹칩니다. 그러기에 오늘은 대축일 취지에 맞춰 성령을 주제로 묵상을 꾀하고자 합니다.

복음 말씀의 출발점은 부활하신 주님을 뵌 제자들의 기쁨입니다. 부활하신 주님을 처음으로 본 제자들의 반응에 대해 복음은 단도직입적으로 전합니다.

"제자들은 주님을 뵙고 기뻐하였다"(요한 20,20).

이 말씀은 그대로 당시 제자들의 생각과 마음 상태를 반영해줍니다. 제자들에게는 주님께서 십자가에서 돌아가시고 "무덤"에 묻히셨다는 사실이 감당할 수 없는 충격이었습니다. 졸지에 스승을 잃은 슬픔, 이는 모든 것이 끝장났다는 체념, 막판에 비겁하게 도망하여 배반자가 되었다는 자괴감, 박해의 불똥이 자신들에게 튀지 않을까 하는 두려움 등으로 그들의 심사는 한마디로 "절망의 안달"이었습니다. 게다가 마리아 막달레나 일행의 보고를 받고 베드로와 요한이 확인한바 "주님 시신의 실종" 사건은 여러 갈래의 상상으로 그들의 두려움에 부채질까지 해댔습니다. 그리하여 제자들은 후환이 두려운 나머지 모든 문들을 닫아걸고 다락방에 숨어 있었던 것입니다.

바로 이런 상황에서 부활하신 주님이 나타나셨으니, 이야말로 기쁨의 기습이었던 것입니다. 순간적으로 기쁨의 탄성과 표정이 연출되었을 것임은 굳이 언급할 필요도 없겠습니다. 주님의 발현, 곧 현존이 모든 부정적 감정을 몰아내고 샘솟는 기쁨을 가져왔습니다.

이로써 확실해졌습니다. 주님의 부재! 그것은 우리에게 슬픔과 두려움을 의미합니다. 주님의 현존! 그것은 우리에게 기쁨과 평화를 의미합니다. 주님이 안 계시는 것같이 느껴질 때 우리는 어찌할 바를 모르며, 주님이 가까이 계시는 듯이 느껴질 때 우리는 기쁨 벅찬 안도감에 젖어드는 것입니다.

부활하신 주님의 현존을 보고 기뻐하는 제자들에게 주님은 파견의 사명을 주십니다.

"아버지께서 나를 보내신 것처럼 나도 너희를 보낸다"(요한 20,21).

결론적으로 말해서 이 말씀은 그리스도인의 사명인 동시에, 특권입니다. 누군가로부터 파견받는다는 것은 그가 부여한 사명을 감당하는 것뿐만 아니라 그가 지녔던 권위를 행사할 수 있는 특권을 보장받았다는 것을 의미합니다.

그런데 이 파견 보따리를 풀어보면 그 안에 성령이 계십니다. 파견은 곧 성령의 동행을 뜻하고, 성령이 빠진 파견은 사실 명목상 파견일 뿐입니다.

주님께서는 이를 뒷받침하는 말씀도 함께 주셨습니다. 결론에 이르러 주님께서는 명시적으로 "성령"을 골수로 한 파견사명을 구체적으로 일러주신 것입니다.

"이렇게 이르시고 나서 그들에게 숨을 불어넣으며 말씀하셨다"(요한 20,22).

여기서 "숨을 불어넣으며"라 번역된 그리스어 "에네퓌세센"(enephysesen)은 "숨 쉬다", "불어넣다"라는 의미를 지닌 "엠퓌사오"(emphysao)의 과거시제 변화형입니다. 이 단어는 인간에게 있어서 가장 귀하면서도 기본적인 생명을, 영을 부어주는 하느님의 활동을 나타내는 단어로, 신약성경에서 이 부분에만 나옵니다.

이 표현을 근거로 성령 강림이 이미 부활 첫째 주에 일어났다고 보는 견해도 있습니다. 이는 루카 복음의 후속편인 사도행전이 오순절(사도 2,1-4 참조)에 비로소 성령 강림이 이루어졌다고 보는 견해와 다른 입장인 것입니다.

결론적으로 말해서, 공관 복음에서는 시간적 간격을 지니는 부활-발현-성령 강림-제자파견의 사건이 요한 복음에서는 하나로 묶여 있는 셈입니다. 그러기에 예수님께서는 곧바로 파견사명을 내리십니다.

"성령을 받아라. 너희가 누구의 죄든지 용서해 주면 그가 용서를 받을 것이고, 그대로 두면 그대로 남아 있을 것이다"(요한 20,22-23).

이로써, 주님이 하느님에게서 권한을 받으셨듯이, 제자들은 주님으로부터 성령과 더불어 죄를 용서하는 권한을 받았습니다.

여기서 말하는 용서는 일반적인 의미의 용서가 아니라, 제자들에게 위임된 용서의 권한을 가리킵니다. 곧 우리가 일반적으로 용서를 말할 때는 그 당사자들 사이의 용서를 가리킵니다. 서로 상대방의 잘못을 용서한다는 의미에서의 용서 말입니다. 하지만 여기서 말하는 용서는 제자들이 예수님과 성부 하느님의 이름으로 제3자의 죄를 사해주는 것을 가리킵니다. 이는 바로 고해성사의 원형입니다.

그런데 사실 사람의 죄를 사할 수 있는 권리는 오직 하느님만이 가지고 계셨습니다. 그러기에 바리사이들과 율법 학자들은 이 사죄권이 예수님에게 위임되었다는 사실조차 인정하지 않으려고 했습니다. 이에 대한 반격으로 예수님께서는 병자들을 고치시고는 "네 죄가 용서받았다"고 선포하셨습니다.

이랬으니 그 사죄권이 이제 제자단에게로 다시 위임된다는 것은 엄청난 사건이 아닐 수 없었습니다. 이를 뒷받침하기 위해서는 그만큼의 권능이 입증되어야 했습니다. 이를 한꺼번에 해결해준 것이 바로 성령 강림이었다고 할 수 있습니다.

또한 사죄권이 얼마나 대단한 것인지를 드러내주는 것이 "용서하다"와 "그대로 두다"라는 두 동사의 시제입니다. 이들 두 동사 모두 완료시제로 쓰였는데, 이는 그것으로써 더 이상 돌이킬 수 없는 판결이 성립된다는 사실을 뜻합니다. 곧 제자들이 용서했으면 그것으로 하늘에서도 용서가 종료된 것이고, 용서받지 못한 채 그대로 두었으면 그것이 하늘에서도 영원히 유효하다는 말입니다. 글자 그대로 제자들에게 땅에서의 구원 전권이 맡겨졌다는 얘기입니다. 놀라운 사실입니다.

사도들을 통해 계승되는 사죄권! 이것이 복음의 기초이며 출발점입니다. 죄의 용서와 회개는 부활하신 주님께서 명령하신 초기 교회 공동체의 첫 선포였다는 사실을 기억해야 합니다.

"그리고 예루살렘에서부터 시작하여, 죄의 용서를 위한 회개가 그의 이름으로 모든 민족들에게 선포되어야 한다"(루카 24,47).

이렇게 복음의 은혜를 더듬어 보았습니다. 그 가운데 더 머물고 싶어지는 말씀은 "그대로 남아 있을 것이다"(요한 20,23)입니다.

"네 죄를 네가 알렸다!"
"땅에서 다 고해하여 용서받았는데요."
"그래? 그러면 그것으로 너는 무죄다."

유치한 듯한 논리지만, 그대로 진실이다.
믿기지 않는 주장이지만, 그대로 고해성사의 은혜다.
운명을 바꿀 초대지만, 그대로 외면받는 안타까움이다.

그대로

이미

지난주 성령 강림 대축일에 이어 우리는 오늘 삼위일체이신 하느님을 기리는 삼위일체 대축일을 지냅니다.

복음의 말씀은 유다인들의 최고 의회 의원이자 바리사이였던 니코데모와 예수님께서 나눈 대화의 일부분입니다.

삼위일체의 신비를 기념하기 위한 말씀으로 오늘 복음이 선택된 것은 그 대화 중에 언뜻 "성령"과 "영"에 대한 언급이 있었기 때문입니다.

"누구든지 물과 성령으로 태어나지 않으면, 하느님 나라에 들어갈 수 없다"(요한 3,5).

니코데모는 "이스라엘의 스승"(요한 3,10)이었음에도 그에게는 이 말씀의 의미가 가물거렸을 것은 물론, 단어들 자체가 생경하였을 터입니다. 그러기에 그는 솔직히 묻습니다.

"그런 일이 어떻게 이루어지겠습니까?"(요한 3,9)

이 물음에 대한 답변이 오늘 복음 말씀의 내용입니다. 예수님의 답변은 자신의 신원을 밝히는 말씀으로 시작합니다.

"하느님께서는 세상을 너무나 사랑하신 나머지 외아들을 내주시어, 그를 믿는 사람은 누구나 멸망하지 않고 영원한 생명을 얻게 하셨다"(요한 3,16).

이 유명한 말씀은 그 자체로 독립된 일종의 "기쁜 소식"이지만, 이를 삼위일체의 관점에서 보면, 성부 하느님과 성자 예수님의 관계와 역할에 대한 간접적인 설명이 됩니다.

즉 예수님은 하느님의 아들 곧 성자(聖子)로서 이 세상 사람들을 죄와 죽음으로부터 구원하는 사명을 띠고 이 땅에 강생하셨다는 것입니다. 이어지는 말씀은 이 구원자로서 성자의 역할을 더욱 명료하게 밝혀줍니다.

"하느님께서 아들을 세상에 보내신 것은, 세상을 심판하시려는 것이 아니라 세상이 아들을 통하여 구원을 받게 하시려는 것이다"(요한 3,17).

여기서 언급된 "구원"의 절차에 대하여 예수님께서는 이미 오늘 복음 앞 대목에서 니코데모에게 다음과 같이 일러주셨습니다.

"누구든지 물과 성령으로 태어나지 않으면, 하느님 나라에 들어갈 수 없다"(요한 3,5).

이는 실제로 예수님을 믿고 예수님께로부터 세례를 받는 것을 가리킵니다. 곧 구원받기 위한 합법적인 절차가 세례(성사)라는 얘기입니다. 깊이 헤아려 보면 이 말씀에는 성령의 역할에 대한 언급이 내포되어 있습니다. 즉, "물"의 세례가 죄를 씻는 정화를 목적으로 삼고 있다고 한다면, 예수님을 통한 "성령"의 세례는 새 생명으로 태어나고 그것을 온전히 유지하는 것을 목적으로 삼고 있다고 볼 수 있습니다.

이렇게 오늘 복음 말씀이 간접적으로 드러내주는 삼위일체의 신비를 전통적으로 우리는 다음과 같이 요약정리합니다.

성부 하느님은 삼위일체의 주체성을 대표하면서 주재권과 결정권을 행사하십니다.

성자 예수님은 성부 하느님의 외아들로서 이 땅에 강생하시어 인류를 죄와 죽음에서 해방하시어 영원한 생명을 누리게 하기 위하여 구원전권을 행사하십니다.

성령께서는 성부 하느님께로부터 내려온 하늘의 생명력으로서 구원받은 하느님 자녀들의 영원한 생명을 유지하는 생명원리로 작동하십니다.

삼위일체의 신비는 결국 "성부"라는 호칭 속에 사실상 성자와 성령이 내포되어 있고, 우리가 "성자"를 부를 때 성부와 성령을 함께 부르는 셈이며, 성령 안에 성부와 성자 함께 계심을 뜻합니다.

그런 의미에서 오늘 복음의 결론 말씀은 실질적으로 삼위일체에 대한 언급이라고 봐도 무방하겠습니다.

"아들을 믿는 사람은 심판을 받지 않는다. 그러나 믿지 않는 자는 이미 심판을 받았다. 하느님의 외아들의 이름을 믿지 않았기 때문이다"(요한 3,18).

"아들"을 믿는다는 것은 오늘 복음 말씀의 전후 맥락상 아들을 통한 세례의 특권을 믿는다는 사실을 의미합니다. 그리고 이는 아들을 통해 매개되는 성령의 활동을 믿는 것을 가리킵니다.

아버지와 예수님의 신비로운 부자관계를 부인하는 사람은 아직 아들을 믿는 사람이 아닙니다.

아들의 구원활동 안에 성령의 동행하심을 믿지 않는 사람은 아직 아들을 믿는 사람이 아닙니다.

아버지와 아들과 성령의 내적 일치를 믿지 않는 사람은 아직 아들을 믿는 사람이 아닙니다.

요컨대, 아들을 믿는 것, 따라서 삼위일체를 믿는 것, 이것이 심판의 기준이 된다는 사실이 오늘 우리가 깨달아야 할 준엄한 명제입니다.

이렇게 복음의 은혜를 더듬어 보았습니다. 그 가운데 더 머물고 싶어지는 말씀은 "이미 심판을 받았다"(요한 3,18)입니다.

증오는 그 불면으로 인하여, 이미 심판이다.
용서는 그 자유로 인하여, 이미 구원이다.

거짓은 그 불안으로 인하여, 이미 심판이다.
정직은 그 평화로 인하여, 이미 구원이다.

불신앙은 그 결핍으로 인하여, 이미 심판이다.
신앙은 그 축복으로 인하여, 이미 구원이다.

이미

영원히

오늘, "그리스도의 성체 성혈 대축일"은 예수님께서 성 목요일 최후 만찬에서 세우신 성체성사를 특별히 기념하고 묵상하는 날입니다. 이 대축일은 1264년 우르바노 4세 교황 때부터 지내왔습니다. 처음에는 성체 축일과 성혈 축일이 따로 있었으나 1970년부터 함께 기념해오고 있습니다. 이 날은 삼위일체 대축일 다음 첫 목요일이나 주일에 지내게 되어 있는데 우리나라에서는 주일에 지내고 있습니다.

오늘 복음 말씀은 "빵 다섯 개와 물고기 두 마리로 오천 명을 먹이신 기적 이야기"(요한 6,1-21 참조)에 이어 나오는 "성체 강론"(요한 6,22-71 참조)의 일부로서, 예수님과 유다인들의 대화를 내용으로 하고 있습니다.

예수님께서는 오늘 말씀을 통해 사람들을 당신의 살과 피를 먹고 마시는 잔치에 초대하십니다. 여기서 예수님의 관심사는 영원한 생명에 집중되어 있습니다.

"나는 하늘에서 내려온 살아 있는 빵이다. 누구든지 이 빵을 먹으면 영원히 살 것이다. 내가 줄 빵은 세상에 생명을 주는 나의 살이다"(요한 6,51).

냉정하게 말해서 이 말씀을 하실 당시, 말씀의 의미를 제대로 알아들은 사람은 거의 없었을 것으로 보입니다. 왜냐하면 이 말씀의 의미는 예수님 자신이 살과 피를 바쳐 완수하신 십자가 희생 제사와 연결시킬 때 비로소 깨달아지기 때문입니다. 예수님께서 "내가 줄 빵"이라고 미래형 시제를 쓰신 까닭이 바로 이 점에 있는 것입니다.

결국 오늘 예수님의 말씀은 앞으로 있을 최후의 만찬과 그에 이은 십자가 제사를 준비하는 전주곡이기도 합니다.

그러기에 이 말씀에 대하여 유다인들은 서로 의견이 갈립니다.

"그러자 '저 사람이 어떻게 자기 살을 우리에게 먹으라고 줄 수 있단 말인가?' 하며, 유다인들 사이에 말다툼이 벌어졌다"(요한 6,52).

"저 사람"이라는 말 속에는 "저 천민 출신"이라는 경멸의 뜻이 담겨 있음을 감안할 때, 어떤 이들에게는 예수님의 말씀이 "미친 소리"라고 들렸던 듯합니다. 사실 "사람의 살을 먹는 것"이나 "피를 마시는 것"은 모두 구약에서 있을 수 없는 일이었던 것입니다.

하지만 예수님께서는 그러한 유다인들의 반응에는 아랑곳하지 않으십니다. 오히려 더 강력하게 말씀하십니다.

"내 살은 참된 양식이고 내 피는 참된 음료다"(요한 6,55).

"참된"(알레테스: alethes)은 "믿을 만한"을 뜻하는 "알레디노스"(alethinos)와는 달리, "실제적인" 곧 "리얼"(real)이란 의미를 함축하고 있습니다. 이는 예수님의 살과 피가 실제적인 양식과 음료임을 강조한 것으로, 예수님의 살과 피가 가지고 있는 생명과 그 영향력을 강하게 강조한 것입니다.

오직 예수님만이 인류에게 영원한 생명을 주시는 분으로서 영혼의 배고픔과 목마름까지 충족시켜주시는 참된 양식이요 참된 음료이십니다.

그런데 이게 다가 아닙니다. 예수님의 살과 피는 새로운 차원의 관계를 열어줍니다.

"내 살을 먹고 내 피를 마시는 사람은 내 안에 머무르고, 나도 그 사람 안에 머무른다"(요한 6,56).

"내 안에 머무른다"라는 말씀은 살과 피를 받아 모시는 이와 예수님 사이의 내적 친교를 가리킵니다. 그 친교는 이제 공동체의 친교를 위한 매개가 됩니다. 왜냐하면 공동체 모든 구성원이 주님 안에 머무르고 주님께서 모든 구성원 안에 머무르기에, 주님을 통하여 각 개인이 연결되기 때문입니다.

너무도 심오한 신비에 대한 말씀이기에, 오늘 복음 말씀은 길지 않으면서도 술술 읽히지 않습니다. 결론 말씀 역시 신비적 사실에 대한 언급입니다.

"이것이 하늘에서 내려온 빵이다. 〔…〕 이 빵을 먹는 사람은 영원히 살 것이다"(요한 6,58).

"하늘에서 내려온 빵"이라는 말씀은 "하늘 시민"의 양식이라는 의미입니다. 하늘 시민에게는 하늘 나라의 양식이 필요한 것입니다. 비록 땅에서 살지만 그리스도인에게는 하늘 양식이 필요합니다.

이렇게 복음의 은혜를 더듬어 봤습니다. 그 가운데 더 머물고 싶어지는 말씀은 "영원히 살 것이다"(요한 6,58)입니다.

> 우러러 모시는 성체,
> 내 영혼의 양식.
> 나 영원히 살겠네.
>
> 받들어 모시는 성체,
> 내 허물의 용서.

나 영원히 살겠네.

연모로 모시는 성체,
내 사랑의 젖줄.
나 영원히 살겠네.

영원히

일흔일곱

우리 한국 천주교회에만 유효한 "민족의 화해와 일치를 위한 기도의 날"(마태 18,19ㄴ-22)과 연중 제12주일(마태 10,26-33)은 겹칩니다.

복음 말씀은 "민족의 화해와 일치를 위한 기도의 날" 것으로 택합니다.

오늘 복음 말씀은 두 부분으로 나누어 볼 수 있습니다. 첫째 부분은 18장 19절부터 20절까지로 공동체 기도를 들어주시는 하느님에 대한 내용입니다. 둘째 부분은 18장 21절부터 22절까지로 잘못한 형제에 대한 용서의 횟수에 대한 내용입니다.

사실 오늘 복음 말씀이 들어가 있는 마태오 복음 18장은 예수님께서 카파르나움의 집에서 제자들에게 공동체에 대하여 가르치신 내용의 일부분입니다. 18장은 제자들의 질문으로 시작을 합니다.

"그때에 제자들이 예수님께 다가와, '하늘 나라에서는 누가 가장 큰 사람입니까?' 하고 물었다"(마태 18,1).

이 질문에 대하여 예수님께서는 겸손과 어린이의 소중함, 죄를 단호히 물리침, 죄지은 형제를 권면하는 일과 용서에 대한 가르침을 주십니다. 그 가운데 오늘 복음 말씀은 죄지은 형제에 대한 권면과 용서에 대한 가르침 사이에 위치하고 있습니다.

오늘 우리가 들은 기도에 대한 예수님의 말씀은 잘못한 형제를 권면하는 내용과 연결시켜 생각할 수 있습니다. 형제적 충고는 기도를 겸해야 효력이 나타납니다. 교회는 죄를 지은 형제자매들을 법적으로 엄격하게 처리하려는 태도를 지양하고 사랑의 정신으로 그들의 회개를 위해 아버지의 도움을 청해야 합니다. 예수님께서는 당신 아버지께서 이 기도를 들어주신다고 이렇게 보증하십니다.

"너희 가운데 두 사람이 이 땅에서 마음을 모아 무엇이든 청하면, 하늘에 계신 내 아버지께서 이루어 주실 것이다"(마태 18,19).

이 말씀은 일차적으로 이 구절 앞에서 언급된 죄를 지은 형제들의 문제와 연결됩니다. 강조점은 형제애에 있는 것입니다.

잘못한 사람을 교정시킬 때 두세 사람의 힘을 빌리라고 하셨듯이(마태 18,15-16 참조), 여기서도 두 사람의 합심이 강조되고 있습니다. 교회 또는 제자들이 땅에서 매면 하늘에서 매이고 땅에서 풀면 하늘에서 풀리는 권한을 갖고 있는 것과 같이(마태 18,18 참조), 교회 또는 제자들이 복음에서 제시된 여러 단계를 거치는 과정에서, 땅에서 교회 인사가 둘 이상 모여서 하는 기도가 하늘에서 하느님 아버지의 윤허를 얻게 된다는 것을 시사합니다.

죄인에 대한 염려와 기도는 서로 깊은 관계를 갖습니다. 잘못을 범한 형제를 위한 기도는 교회의 기도 대상 가운데 하나입니다. 견책과 훈계, 증인의 소환, 선고, 파문, 재입교 등은 교회의 기도 속에서 고려됩니다.

예수님께서는 두 사람의 합의만으로도 약속에 대한 자신을 갖기에 충분함을 말씀하십니다.

"두 사람이나 세 사람이라도 내 이름으로 모인 곳에는 나도 함께 있기 때문이다"(마태 18,20).

"내 이름으로"라는 말에서 "이름"은 존재의 실존과 전체적인 실재를 의미합니다. 주님의 기도 첫 머리에서도 우리는 하느님 아버지를 부르며 기도를 시작합니다. 이는 하느님의 권능과 영광이 온 누리에 하느님 나라의 임재를 나타나기를 비는 것입니다. 우리가 예수님의 이름으로 무엇을 하는 것은 예수님 임재로써 그 권능과 성령의 힘이 발동하는 것을 말합니다. 사실 "예수님의 이름"으로 복음이 선포되고 마귀가 축출되고 병자가 치유를 받습니다(사도 4,2-10; 마태 7,22 참조). 또한 예수님의 이름으로 세례를 받아

거룩하게 되고(마태 28,19 참조), 그분의 이름으로 신앙고백을 합니다(마태 24,9; 사도 4,17-18; 히브 13,15 참조).

이러한 일들은 신적인 임재를 말하며 그 임재는 "우리 사이에 함께 사시는"(요한 1,14 참조) 예수 그리스도의 이름으로 세상에서 이루어집니다. 더욱이 "나도 함께 있기 때문이다"라는 말은 우리와 함께하시는 임마누엘 하느님을 연상시킵니다(마태 1,23 참조).

주님께서는 함께 모여 기도하는 소수의 양 떼 사이에 현존하여 계십니다. 그들이 "당신 이름으로" 함께 모일 때, 즉 그들의 모임이 메시아 예수님께 대한 공동 신앙고백에 바탕을 두고 있을 때 주님께서는 참으로 그들을 찾아오십니다.

저러한 예수님의 말씀에 베드로가 질문합니다.

"주님, 제 형제가 저에게 죄를 지으면 몇 번이나 용서해 주어야 합니까? 일곱 번까지 해야 합니까?"(마태 18,21)

여기서 베드로는 예수님을 "주님"(키리에: Kyrie)이라는 중대한 호칭을 부르며 질문을 합니다. 이는 그가 예수님의 주권을 인정하고 있음을 알려줍니다.

베드로의 질문은 잘못한 형제를 얼마나 많이 용서해주어야 하는 것이었습니다. 그는 "일곱" 번이라는 숫자를 대면서 예수님께 질문을 하는데, "일곱"이라는 숫자는 성경에서 완전함을 나타내는 수였습니다.

베드로가 물은 "일곱 번"이라는 숫자는 당시 라삐들이 권하던 용서의 횟수인 "세 번"에서 훨씬 나간 것이었습니다. 그런 만큼 베드로는 예수님의 긍정을 기대했을 터입니다. 하지만 예수님의 답변은 그의 예상을 뛰어 넘는 것이었습니다.

"내가 너에게 말한다. 일곱 번이 아니라 일흔일곱 번까지라도 용서해야 한다"(마태 18,22).

베드로는 자신이 제시한 "일곱"이라는 숫자에 대하여 스스로 대단히 관대하다고 생각했을지도 모릅니다. 하지만 예수님께서는 그의 생각을 뛰어넘는 대답을 해주십니다. 바로 "일흔일곱" 번까지 용서하라고 하신 것입니다.

"일곱"이라는 숫자가 완전과 끝냄의 수라면 예수님께서 제시한 "일흔일곱" 번의 수는 베드로가 제시한 "일곱"이라는 수를 "강조"하는 말씀으로 볼 수 있습니다. 다시 말해서 예수님께서는 베드로가 제시한 의견을 나무라거나 교정하는 것이 아니라 오히려 그것을 시인하시면서 또 강조하신 것으로 볼 수도 있습니다.

재미있는 것은 이 용서에 대한 횟수가 창세기 4장 24절의 "라멕"의 보복의 수와 같다는 것입니다. "카인을 해친 자가 일곱 곱절로 앙갚음을 받는다면 라멕을 해친 자는 일흔일곱 곱절로 앙갚음을 받는다"(창세 4,24).

라멕의 보복의 수는 예수님으로 인해 용서의 수로 바뀌게 됩니다. 이로써 예수님은 끝없이 순환되는 복수와 폭력의 사슬에 반하여 무한한 용서의 형제애를 대응시키신 것입니다.

　이렇게 복음의 은혜를 더듬어 보았습니다. 그 가운데 더 머물고 싶어지는 말씀은 "일흔일곱 번까지라도"(마태 18,22)입니다.

　세지 마라.
　일흔일곱을 채우기 전에,
　네 다짐이 소진한다.

　세지 마라.
　숫자를 셀 때마다,
　상처는 더 깊이 곪는다.

　세지 마라.
　매번 "거저 줘버리자"(forgive) 하면,
　된다, 신기하게 된다.

일흔일곱

끝까지

오늘 복음은 예수님에게서 파견된 사도들이 겪어야 할 박해에 대해 언급하고 있습니다. 예수님은 박해의 근본 원인이 바로 "나"(예수님)(마태 10,18)와 "내(예수님) 이름"(마태 10,22) 때문이라 선언하십니다.

이러한 박해의 때에 사도들에게 가장 중요한 사명은 끝까지 "증언"하는 것입니다. 이와 관련하여 예수님께서는 사도들에게 응원의 말씀을 주십니다.

"사람들이 너희를 넘길 때, 어떻게 말할까, 무엇을 말할까 걱정하지 마라. 너희가 무엇을 말해야 할지, 그때에 너희에게 일러 주실 것이다. 사실 말하는 이는 너희가 아니라 너희 안에서 말씀하시는 아버지의 영이시다"(마태 10,19-20).

이 말씀은 박해로 인한 고통 속에서 오히려 "아버지의 영"을 통하여 주님과 긴밀한 일치가 이루어진다는 사실을 함축하고 있습니다.

실제로, 사도들이 박해를 받게 되었을 때 "아버지의 영"은 담대함과 지혜를 주셨습니다.

"이렇게 기도를 마치자 그들이 모여 있는 곳이 흔들리면서 모두 성령으로 가득 차, 하느님의 말씀을 담대히 전하였다"(사도 4,31).

이후에도 사도들은 의회에서 신문을 받아야 했을 때 주님께서 미리 약속해주신 대로 "아버지의 영"을 받아 "담대하게" 그리고 "슬기롭게" 답변하였습니다(사도 5,29-32 참조).

이렇듯이 "아버지의 영"은 주님과의 일치 속에 담대히 증언하게 하고, 궁극적으로 "끝까지 견디는"(마태 10,22) 믿음을 굳건히 하여, "구원"(마태 10,22)에 이르게 합니다.

박해는 두 가지 양상으로 일어납니다. 하나는 외부에서 야기되는 것(마태 10,17-18.22 참조)이고, 다른 하나는 가족적 갈등(마태 10,21 참조)입니다.

우선, 외부에서 야기되는 박해는 의회에 "넘겨지고"(마태 10,17) 회당에서 "채찍질"(마태 10,17) 당하고 모든 사람에게 "미움을 받"(마태 10,22)음으로써 이루어집니다.

다음으로, 박해는 권력자나 다른 민족을 넘어서 이제는 제일 가까운 가정 안에 불화를 초래합니다. 박해에 대한 예수님의 말씀은 점점 가혹해집니다.

"형제가 형제를 넘겨 죽게 하고 아버지가 자식을 그렇게 하며, 자식들도 부모를 거슬러 일어나 죽게 할 것이다"(마태 10,21).

생명의 "같은 원천"인 가족과 같이 긴밀한 관계까지 파괴되는 것입니다. 이런 끔찍한 일들이 일어나는 이유는 가족 구성원이 예수님께 대해 각기 다른 태도를 취하기 때문입니다.

신앙의 차이로 인한 가족 간 극단적인 대치! 이에 대해 예수님께서는 다른 기회에 비장하고 단호한 입장을 취하라고 주문하십니다.

"아버지나 어머니를 나보다 더 사랑하는 사람은 나에게 합당하지 않다. 아들이나 딸을 나보다 더 사랑하는 사람도 나에게 합당하지 않다"(마태 10,37).

예수님께서 이러한 요청을 하시는 것은 당신께서 화목이나 가족애나 중용의 미덕을 모르시기 때문이 아닙니다. 그 진정한 까닭은 "구원"(마태 10,22) 곧 "영원한 생명"이 모든 것에 우선하는 가치이기 때문입니다.

박해는 그리스도인의 운명입니다. 그러기에 예수님께서는 종합하여 말씀하십니다.

"너희는 내 이름 때문에 모든 사람에게 미움을 받을 것이다"(마

"미움을 받을 것이다"라는 말은 그리스어로 "미워하다", "증오하다"를 뜻하는 "미세오"(miseo)의 수동태 현재 분사형으로서 계속적으로 미움을 받게 될 것임을 나타냅니다. 곧 박해는 일시적인 현상이 아니라 그리스도인을 줄곧 따라다니는 지속적이고 반복적인 괴롭힘인 것입니다.

이 미움은 예수님의 이름 때문입니다. 그 이름은 제자들이 입에 달고 다닐 이름이며, 그들의 삶의 방식에 영감을 불러일으키는 이름입니다. 그러기에 박해자는 그리스도인을 "예수쟁이"라고 불렀던 것입니다.

이를 전제로, 예수님은 결론 말씀을 주십니다.

"그러나 끝까지 견디는 이는 구원을 받을 것이다"(마태 10,22).

이는 일종의 약속입니다. 그 내용은 가슴 떨리는 단어 "구원"입니다. 구원! 이는 인간이 한 생애를 통하여 구해야 할 최우선의 가치이며 궁극의 가치입니다. 이보다 더 큰 가치는 없습니다.

"사람이 온 세상을 얻고도 제 목숨을 잃으면 무슨 소용이 있겠느냐?"(마태 16,26)

이처럼 소중한 가치이기에 예수님께서는 제자들에게 "끝까지 견디"라고 당부하신 것입니다.

"끝까지"는 질의 끝과 시간의 끝을 가리킵니다. 즉 질적으로 "어떤 고통도"라는 식의 극한 고통을 가리키며, 시간적으로 "마지막까지"를 가리킵니다. 신학적으로 "끝"(텔로스: telos)은 하느님 나라가 실현되는 세상 종말을 암시합니다.

"견디다"라는 뜻은 저항이 아니라 인내로 받아들인다는 의미입니다. 즉, 견디는 것은, 온갖 비난과 폭압과 수모에도 불구하고, 인내로써 끝까지 굴복하지 않고 믿음에 충실한 것입니다.

사실 참 믿음의 사람은 자신들이 겪는 고난이 무엇을 위한 고난이며, 그것이 어떻게 끝을 맺을 것인가 알고 있습니다. 그러기에 예수님을 믿는 사람은 치 떨리는 고난 가운데서도 결코 쓰러지지 않습니다.

이렇게 복음의 은혜를 더듬어 보았습니다. 그 가운데 더 머물고 싶어지는 말씀은 "끝까지 견디는 이"(마태 10,22)입니다.

마지막 피 한 방울이
끝까지일까.

배신을 끝내 거부한 충정이
끝까지일까.

순교자들은
그 답을 알고 있다.

끝까지

물 한 잔

오늘 복음 말씀은 선택 곧 신앙적 결단의 지혜와 보상에 대하여 언급합니다. 예수님 가르침이 진도를 더해갈수록 군중과 제자들에게는 결단이 요구됩니다. 왜냐하면 더 중요한 것을 취하기 위해서는 덜 중요한 것을 포기하는 것이 상식적인 이치이기 때문입니다.

복음 말씀은 예수님의 과하다 싶을 만큼 센(?) 요청으로 시작됩니다.

"아버지나 어머니를 나보다 더 사랑하는 사람은 나에게 합당하지 않다. 아들이나 딸을 나보다 더 사랑하는 사람도 나에게 합당하지 않다"(마태 10,37).

얼핏 "부모에게 효도하라"는 제4계명을 거스르는 듯한 이 말씀은 다소 충격적입니다. 본디 유다인들은 효를 강조하던 동양인 못지않게 조상의 핏줄을 귀하게 여겨왔습니다. 그랬기에 예수님의 이 말씀은 그들에게 도발적이란 느낌까지 주었을 성싶습니다.

그렇다면 예수님의 이 말씀은 십계명에 위배되는 말일까요?

그렇지 않습니다. 오늘 복음 말씀은 십계명에서 그 1계명인 하느님을 흠숭하는 것과 그 4계명인 부모를 공경하는 것 사이의 우선순위를 가리키고 있습니다. "하느님 섬기는 것과 부모를 공경하는 것이 서로 충돌하는 상황에서는 무엇을 선택해야 옳겠는가?" 하는 물음에 대한 답인 것입니다.

사실 이런 슬픈 상황은 예수님의 마지막 예루살렘 여정에서 제자들에게 들이닥쳤습니다. 제자들은 둘 중의 하나를 선택해야 하는 국면으로 몰렸던 것입니다. 그러기에 이와 동일한 내용을 전하는 루카 복음에서는 이 말씀이 예루살렘으로 향한 마지막 길에서 다음과 같이 기록되어 있습니다.

"누구든지 나에게 오면서 자기 아버지와 어머니, 아내와 자녀, 형제와 자매, 심지어 자기 목숨까지 미워하지 않으면, 내 제자가 될 수 없다"(루카 14,26).

심지어 여기 이 루카 복음에서는 "사랑하다"라는 동사 대신에 "미워하다"를 뜻하는 '미세오'(miseo) 동사를 사용하고 있는데, 이는 그만큼 신앙의 결단이 절박하다는 것을 드러내줍니다. 참고로 이 동사는 "덜 사랑하다"라는 의미도 지니고 있어서, 결국 내용적으로는 마태오에 의한 오늘 복음 말씀과 같은 취지의 뜻을 전하는 것으로 알아들을 수 있습니다.

재미있는 것은 마태오 복음은 이 말씀을 예수님의 수난 여정 훨씬 이전의 맥락에 배치하고 있다는 사실입니다. 왜 그랬을까요? 그 이유는 마태오 복음의 독자층인 유다인들에게는 이 말씀이 율법의 해석과 관련하여 결정적으로 중요한 사안이었기 때문입니다. 그러기에 산상수훈(5-7장)에 이은 율법에 대한 간헐적 가르침의 대미로서 이렇게 도발적인 주문을 하셨다고 볼 수 있습니다.

"나는 아버지의 뜻을 이루기 위하여 이 땅에 왔다. 그러니 누구든지 자기 부모형제보다 나를 먼저 따름이 옳다. 나를 따를 것이냐 말 것이냐는 바로 제1계명과 관련된 문제다."

이렇게 예수님께서 당당하게 말씀하실 수 있었던 것은 예수님 자신이 그 모범이었기 때문입니다. 사실 예수님께서는 아버지이신 하느님의 뜻을 실천하기 위하여 당신의 부모와 형제들, 친척들을 모두 포기하셨고, 끝내 머리 기댈 곳조차 없으셨고, 결국에는 친히 당신의 십자가를 지셨습니다.

다시 본문으로 돌아가자면, 저 요청은 십자가 여정을 대비하여 제자들에게 일러주신 것이었습니다. 그러기에 말씀은 곧바로 십자가로 연결됩니다.

"또 제 십자가를 지고 나를 따르지 않는 사람도 나에게 합당하지 않다. 제 목숨을 얻으려는 사람은 목숨을 잃고, 나 때문에 제 목숨을 잃는 사람은 목숨을 얻을 것이다"(마태 10,38-39).

이 말씀은 이후 베드로의 신앙고백에 이은 첫 번째 수난 예고 때 또 언급됩니다(마태 16,24-25 참조). 묵상 역시 그 대목에서 더 본격적으로 하는 것이 바람직하겠습니다.

중요한 사실은 십자가를 진다는 것은 바로 앞에서 다루어진 고통스런 선택과 결단을 요구한다는 점입니다.

당연히 십자가에는 그에 합당한 보상이 뒤따릅니다. 궁극적으로는 마지막 때에 부활의 영광으로 보상받을 것이며, 나아가 "하늘 나라의 잔치"에 동참하는 기쁨으로 보상받을 것입니다. 그런데 그게 전부가 아닙니다. 예수님께서는 이미 이 세상에서 누릴 위로에 대해서도 간접적으로 언급하십니다.

"너희를 받아들이는 이는 나를 받아들이는 사람이고, 나를 받아들이는 이는 나를 보내신 분을 받아들이는 사람이다"(마태 10,40).

이 말씀은 제 부모형제를 떠나 십자가 길을 선택한 제자들에게 여간 격려가 되지 않습니다. 왜냐하면 제자들의 신원과 예수님 자신을 동일화시켜주기 때문입니다. 이 말씀은 결국 "너희 안에 내가 있다. 내가 항상 너희 편이다"라는 응원입니다.

예수님께서는 내친김에 더 센 약속을 주십니다.

"예언자를 예언자라서 받아들이는 이는 예언자가 받는 상을 받을 것이고, 의인을 의인이라서 받아들이는 이는 의인이 받는 상을 받을 것이다"(마태 10,41).

예언자나 의인은 유다인에게는 존경이며 동경입니다. 이런 인물로 평가받는 것 자체가 비교할 수 없는 영광입니다. 그런데 이런 인물을 알아보고 받아들이는 것 자체로 그와 동급으로 상을 받게 된다고 말씀하시니, 이는 얼마나 큰 힘이 되겠습니까.

더구나 이제 제자들을 예수님께서는 "예언자"나 "의인"의 격으로 바라봐주십니다. 사실 제자들에게는 이 말씀이 실감나지 않았을 것입니다. 하지만, 부활 이후 예수님으로부터 본격적으로 파견사명을 받게 되었을 때, 제자들이 품었던 자긍심은 그 이상이었을 터입니다.

예수님의 격려는 여기서 그치지 않았습니다. 표현 그대로 "톡 쏘는" 사이다 발언을 해주시기까지 하십니다.

"내가 진실로 너희에게 말한다. 이 작은 이들 가운데 한 사람에게 그가 제자라서 시원한 물 한 잔이라도 마시게 하는 이는 자기가 받을 상을 결코 잃지 않을 것이다"(마태 10,42).

여기서 "그가 제자라서"라는 문구가 참으로 매력 있게 들립니다. 향후 교회사에서 당신의 제자들이 험난한 복음 전파의 나그네 길에서 "물 한 잔" 당당히 얻어 마실 수 있도록 미리 언급해놓으신 이 약속은 그 안에 함축한 상징적 의미만으로도 아름다운

한 줄 시입니다.

이렇게 복음의 은혜를 더듬어 봤습니다. 더 머물고 싶어지는
말씀은 "물 한 잔"(마태 10,42)입니다.

그가 내 제자라서 대접한 물 한 잔
내가 피로써 빚은 포도주 한 잔으로 갚아주마.

그가 내 제자라서 지어준 미소 한 바가지
내가 무지개 휘영청 뜬 축복한 하늘로 갚아주마.

물 한잔

가볍다

마태오에 의한 오늘 복음 말씀은 예수님의 기도로 시작됩니다. 이는 예수님께서 기쁨에 넘쳐 하느님 아버지께 바친 찬미의 기도입니다. 이런 기도는 늘 성령의 감동으로 바쳐집니다. 그러기에 "그때에 예수님께서 이렇게 말씀하셨다"(마태 11,25)라는 마태오 복음의 도입글과 똑같은 내용을 전하고 있는 루카 복음에서는 "그때에 예수님께서 성령 안에서 즐거워하며 말씀하셨다"(루카 10,21)라는 말로 시작하고 있습니다.

시작 말씀은 지금까지 당신 가르침에 긍정적 반응을 보인 이들에 대한 감사기도를 내용으로 하고 있습니다.

"아버지, 하늘과 땅의 주님, 지혜롭다는 자들과 슬기롭다는 자들에게는 이것을 감추시고 철부지들에게는 드러내 보이시니, 아버지께 감사드립니다"(마태 11,25).

예수님께서는 "아버지"라는 평이하고 친숙한 어조로 기도를 시작하고 계시지만, 여기에 "하늘과 땅의 주님"이라는 호칭을 덧붙임으로써 그런 아버지께서 전능하신 창조주이시며, 세상의 주님이시라는 것을 명백하게 고백하십니다.

"지혜롭다는 자들과 슬기롭다는 자들"은 율법에 정통한 유다의 율법 학자들과 잘난 체 으스대던 바리사이들을 떠올리게 합니다. "감추시고"는 이 사람들이 예수님의 가르침을 거부한 것이 아버지께서 그 참됨을 "감추셨기" 때문이라는 사실을 말해줍니다. 이 사실은 반전인 동시에 비판이 됩니다. 곧 예수님 가르침을 가장 먼저 알아들었어야 할 저 똑똑쟁이들이 오히려 못 알아들었다는 비판적 지적이라 할 수 있습니다.

이와 반대로 아버지께서는 "철부지" 같은 단순한 자들에게는 당신을 "드러내 보이"십니다. "철부지"는 본디 "아이", "미성년자", "미숙한 자"를 뜻합니다. 여기서는 나이가 어린 사람이 아니라 교육을 받지 못한 사람, 지혜를 갖추지 못한 사람을 가리킵니다.

이러함에 예수님의 감사는 아버지의 뜻에 대한 전폭적인 긍정으로 이어집니다.

"그렇습니다, 아버지! 아버지의 선하신 뜻이 이렇게 이루어졌습니다"(마태 11,26).

이는 긍정과 경탄과 찬미의 표출입니다. 그만큼 아버지의 선택은 예수님께도 감동이었던 것입니다.

이렇게 감추시고 드러내 보이시는 하느님의 선택을 기도로써 확인해주신 다음, 예수님께서는 이제 본격적으로 당신의 정체를 밝히십니다.

"나의 아버지께서는 모든 것을 나에게 넘겨주셨다"(마태 11,27).

여기서 모든 것은 "하느님 나라"에 관한 전권, 보다 구체적으로 말해서 "구원전권"을 가리킵니다. 이와 똑같은 내용의 말씀을 예수님께서는 나중에 "나는 하늘과 땅의 모든 권한을 받았다"(마태 28,18)라시며 더욱 실감나게 표명하십니다.

아버지께서 예수님께 이렇게 전권을 맡기신 것은 아버지와 예수님 사이의 신비로운 일치 때문입니다.

"아들 외에는 (…) 아무도 아버지를 알지 못한다"(마태 11,27).

지금까지 예수님께서는 하느님에 대해서 항상 존경스러운 태도로 말씀하셨으며 또한 계속해서 그렇게 하십니다. 그러나 존재의 근원에 있어서 예수님께서는 아버지와 같으시며, 완전하고 충분하게 아버지를 아십니다. 그러한 지식을 가진 사람은 이 세상에 아무도 없었으며 현재에도 역시 그렇습니다. 예수님은 하느님이십니다. 이 말씀으로 우리는 구름 사이를 통해 보듯 심오한 하느님의 신비를 얼핏 볼 수 있습니다.

그런데 예수님께서는 자신만을 위하여 이러한 지식을 갖고 계신 것이 아닙니다. 이제 예수님께서는 다른 이들에게 아버지를 알려주십니다. 하늘 나라를 다른 이들에게 계시하는 것이 그분의 사명이기 때문입니다.

"그가 아버지를 드러내 보여 주려는 사람 외에는 아무도 아버지를 알지 못한다"(마태 11,27).

이렇게 될 수 있는 이유는 아버지께서는 그에게 "모든 것을 넘겨주셨기" 때문입니다.

마침내 예수님께서는 "모든 것을 넘겨" 받은 권한으로 엄청난 선언을 하십니다.

"고생하며 무거운 짐을 진 너희는 모두 나에게 오너라. 내가 너희에게 안식을 주겠다"(마태 11,28).

이 말씀은 예수님께서 고생과 짐을 대신 짊어져주시겠다는 의미가 아닙니다. 그것으로부터 자유로워져 안식을 누릴 수 있는 "지혜"를 당신에게서 배우라는 초대입니다.

그렇다면, 그 지혜는 어떤 것인가? 예수님께서 핵심을 밝혀주십니다.

"나는 마음이 온유하고 겸손하니 내 멍에를 메고 나에게 배워라. 그러면 너희가 안식을 얻을 것이다. 정녕 내 멍에는 편하고 내 짐은 가볍다"(마태 11,29-30).

드러난 지혜의 핵심은 "온유"와 "겸손"입니다. 이는 사실상 정곡을 뚫는 처방입니다.

영적으로 온유와 겸손은 "내 뜻", "내 욕심", "내 자존심"을 버리고 "아버지의 뜻", "아버지의 계획", "아버지의 영광"을 추구하는 태도를 가리킵니다. 예수님께서 "내 멍에를 메고 나에게 배워라"라고 하신 말씀의 속뜻은 전자를 버리고 후자를 취하라는 권고의 의미입니다. 왜냐하면 "멍에"는 "나" 스스로 택하여 짊어지는 것이 아니라 "아버지"가 씌워주는 것이기 때문입니다.

예수님 가르침의 요지는 이것입니다.

"고생과 짐이라는 생각 자체는 내 뜻에 집착할 때 생기는 것이다. 그 대신에 아버지의 뜻 곧 '멍에'를 지려는 태도를 취하면, 그 결과는 아버지의 소관이니 '안식'을 누리게 마련이다."

이 말씀은 각자 나름으로 고생과 수고를 하고 있는 오늘 우리에게 예수님께서 친절히 일러주시는 권고이기도 합니다.

이렇게 복음의 은혜를 더듬어 봤습니다. 그 가운데 더 머물고 싶어지는 말씀은 "내 짐은 가볍다"(마태 11,30)입니다.

내 뜻이 먼저인 것은 무엇이건 무겁다.
내 꿈, 내 계획, 내 사업, 내 스케줄 등등 다 무겁다.
"잘 되어야 할 텐데"라는 근심은 잠도 깨우는 중압이다.

아버지 뜻이 먼저가 되면 무엇이건 가볍다.
아버지 계획, 아버지 시간표, 아버지 방법 등등 다 가볍다.
"아버지 지혜인데 어련하시랴"라는 맡김은 근심도 몰아내
는 평안이다.

가볍다

서른 배, 예순 배, 백 배

오늘 복음은 "씨 뿌리는 사람의 비유"를 전해줍니다.

가르침의 장소는 카파르나움에서 가까운 갈릴래아 호숫가. 많은 군중이 물가에 서 있는 가운데, 예수님께서는 배에 올라앉으시어 말문을 여십니다. 말씀은 구수한 비유로 전개됩니다.

"예수님께서 그들에게 많은 것을 비유로 말씀해 주셨다"(마태 13,3).

비유는 일상적으로 접할 수 있는 것들을 통하여 영적인 진리를 전달하는 데 효과적인 방법이 되었습니다. 특히 예수님께서는 비유를 통한 교훈에 정통하고 계셨습니다. 그래서 우리 주변의 일상적인 법칙들을 통하여 차원 높은 윤리적, 영적 교훈 속으로 인도하셨습니다. 이를 통해 우리는 예수님께서 주변의 모든 것들을 애정과 관심으로 살피고 계셨음을 알 수 있습니다.

오늘 비유의 소재는 씨 뿌리는 사람입니다.

"자, 씨 뿌리는 사람이 씨를 뿌리러 나갔다"(마태 13,3).

이렇게 시작된 비유 말씀은 네 가지 유형의 사람들을 대변합니다. 하나씩 보겠습니다.

"어떤 것들은 길에 떨어져 새들이 와서 먹어 버렸다"(마태 13,4).

여기서 "길"은 일반 통행로가 아니라 밭에서 단단히 굳어 있는 이랑 사이를 가리킵니다. 거기 떨어진 씨앗들은 처음부터 아예 뿌리를 내리지 못합니다. 그러기에 새들이 와서 먹어버릴 수 있는 것입니다.

이에 대하여 예수님께서는 뒷부분 해설의 말씀에서 이렇게 설명해주십니다.

"누구든지 하늘 나라에 관한 말을 듣고 깨닫지 못하면, 악한 자가 와서 그 마음에 뿌려진 것을 빼앗아 간다"(마태 13,19).

말씀의 뜻조차 깨닫지 못한 사람! 도무지 씨알도 먹히지 않는 사람, 곧 관심이 다른 데 가 있는 사람을 가리킵니다.

"어떤 것들은 흙이 많지 않은 돌밭에 떨어졌다"(마태 13,5).

"돌밭"(페트로데: petrode)은 흙이 많지 않은 밭입니다. 팔레스티나의 대부분의 땅은 석회암층으로 되어 있고, 그 위에 흙이 얇게 덮여 있었습니다. 예수님께서는 이 사실을 누구보다도 잘 알고 계셨습니다. 이러한 땅은 10cm만 파도 돌이 나오는데, 대낮의 열기로 쉽게 달구어져 식물들의 뿌리가 마르곤 합니다. 예수님께서는 그러한 땅을 비유에 담으신 것입니다.

이런 경우에 대한 해설의 말씀은 금세 공감이 갑니다.

"그는 말씀을 들으면 곧 기쁘게 받는다. 그러나 그 사람 안에 뿌리가 없어서 오래가지 못한다. 그래서 말씀 때문에 환난이나 박해가 일어나면 그는 곧 걸려 넘어지고 만다"(마태 13,20-21).

이 비유에서 "돌"은 고정관념, 선입견, 아집 등을 가리킵니다. 그러기에 이에 해당하는 사람들은 처음에는 말씀을 받아들이지만 작은 고난도 넘기지 못하여 오래 가지를 못합니다.

"또 어떤 것들은 가시덤불 속에 떨어졌는데, 가시덤불이 자라면서 숨을 막아 버렸다"(마태 13,7).

가시덤불은 언제나 좋은 씨앗보다 성장력이 왕성하여 좋은 씨의 기운을 막습니다. 그러기에 먼저 자란 가시덤불이 싹이 난 씨앗을 뒤덮어 열매를 맺을 수 없게 합니다.

"그는 말씀을 듣기는 하지만, 세상 걱정과 재물의 유혹이 그 말씀의 숨을 막아 버려 열매를 맺지 못한다"(마태 13,22).

"가시덤불에 떨어진 씨"란 세상에 대한 근심과 고통, 권력과 부와 안락함에 대한 탐욕들로 주님 말씀을 소진시켜 버리는 사람들입니다. 이들은 세상의 욕심과 영적 부르심 사이에서 갈팡질팡

하며 온전히 투신하지 못합니다. 그러니 열매가 맺어질 리 없습니다.

"그러나 어떤 것들은 좋은 땅에 떨어져 열매를 맺었는데, 어떤 것은 백 배, 어떤 것은 예순 배, 어떤 것은 서른 배가 되었다"(마태 13,8).

"좋은 땅"은 옥토, 곧 기름진 땅을 가리킵니다. 땅이 기름질 때 수확은 풍부합니다. 실제로 낟알 하나가 백 배의 결실로 이어질 수 있음은 농부들이라면 잘 알고 있습니다.

"그는 말씀을 듣고 깨닫는다"(마태 13,23).

"좋은 땅"에 해당하는 사람은 말씀을 귀 기울여 듣고, 그 의미를 알아들어 성심껏 실행하는 사람을 가리킵니다.

중요한 것은 똑같은 옥토에서도 씨앗에 따라서 100배, 60배, 30배로 수확량이 달라진다는 사실입니다.

결론의 말씀에는 뼈가 들어가 있습니다.

"귀 있는 사람은 들어라"(마태 13,9).

이 말씀은 그 자체로 지금까지 말씀하신 비유를 잘 알아들으라는 뜻도 되지만, 내용적으로는 비유의 네 번째 경우인 "옥토"를 강조하는 의미도 되는 것입니다.

이렇게 복음의 은혜를 더듬어 보았습니다. 그 가운데 더 머물고 싶어지는 말씀은 "어떤 것은 백 배, 어떤 것은 예순 배, 어떤 것은 서른 배가 되었다"(마태 13,8)입니다.

지혜의 말씀 귀 기울이며 살았더니, 오늘 이 행복을 누립니다.
이것이 서른 배 열매인가요?

계명의 말씀 따르며 살았더니, 오늘 이 평화를 누립니다.
이것이 예순 배 열매인가요?

복음 말씀 증거하며 살았더니, 오늘 이 희열을 누립니다.
이것은 필경 백 배의 열매이겠지요?

서른 배
예순 배
백 배

내버려 두어라

오늘은 짧은 복음 말씀인 "가라지의 비유"를 택합니다만, 본래의 긴 복음에서는 그 뒤를 이어서 "겨자씨의 비유"와 "누룩의 비유"가 나옵니다.

오늘 복음의 이 "가라지의 비유"는, 마태오 복음에만 나오는 비유입니다. 이 비유를 통해 하느님 나라의 성장을 가로막고 지연시키는 장애물들에 대한 깊은 성찰을 할 수 있는 한편, 마지막 때에 이르기까지 우리가 어떻게 생활해 나아가야 할지를 깨달을 수 있습니다.

말씀은 이렇게 시작됩니다.

"예수님께서 또 다른 비유를 들어 그들에게 말씀하셨다"(마태 13,24).

예수님께서는 "씨 뿌리는 사람의 비유"에 이어서 곡식과 관련된 또 하나의 비유를 말씀하십니다. 지난번 "씨 뿌리는 사람의 비유"에서 하늘 나라가 좋은 땅에 뿌려진 씨앗처럼 말씀을 듣고 깨닫는 이에게 열려 있다는 점을 강조했다면, 오늘 우리가 들은 "가라지의 비유"에서는 마지막 때에 밭에 함께 뿌려진 밀과 가라지가 각기 다른 심판을 받게 될 것임을 이야기하고 있습니다.

"하늘 나라는 자기 밭에 좋은 씨를 뿌리는 사람에 비길 수 있다. 사람들이 자는 동안에 그의 원수가 와서 밀 가운데에 가라지를 덧뿌리고 갔다"(마태 13,24-25).

하늘 나라는 좋은 씨를 뿌렸기 때문에 좋은 결실을 맺도록 되어 있기만 한 것이 아닙니다. 이것을 지켜보고 있던 심술꾼이 심통을 부리며 악의에 찬 해코지를 했기 때문입니다. 그 원수는 어두운 밤 아무도 모르게 좋은 씨가 뿌려진 밭에 가라지를 덧뿌린 것입니다.

비유에 나오는 "가라지"는 호밀 풀의 일종으로 밀과 구분하기 어렵습니다. 흔히 팔레스티나 지방에서는 독보리로 알려져 있는데, 먹게 되면 구토 증세를 일으키며 때로는 죽기도 합니다.

이 비유에 대한 예수님의 설명을 따르면(마태 13,37-39 참조), "좋은 씨를 뿌리는 사람"은 "사람의 아들" 곧 예수 그리스도 자신을 가리키고, "밭"은 "세상"을, "좋은 씨"는 "하늘 나라의 자녀들"을 가리킵니다. 반면, "가라지를 뿌린 원수"는 "악마"를 가리키며,

"가라지들"은 "악한 자의 자녀들"을 가리킵니다.

이 비유는 하늘 나라가 악마의 훼방과 유혹에 노출되어 있으며, 따라서 교회 안에 선인과 악인이 공존한다는 사실을 말해줍니다. 그런데 이들은 열매가 맺어지기 전에는 구별이 어렵습니다. 바로 이 점이 문제가 되는 것입니다.

"줄기가 나서 열매를 맺을 때에 가라지들도 드러났다"(마태 13,26).

농장의 일꾼들 곧 "종들"이 이것을 발견했을 때는 가라지가 많이 자랐을 때입니다. 이에 종들은 당황하여 주인에게 가서 어찌된 영문인지 묻지만, 주인은 태연하게 "원수가 그렇게 하였구나"(마태 13,28)라고 대답합니다.

"가라지"가 영 눈에 거슬린 종들은 주인에게 묻습니다.

"그러면 저희가 가서 그것들을 거두어 낼까요?"(마태 13,28)

종들의 정의감에 주인은 냉정하게 답합니다.

"아니다. 너희가 가라지들을 거두어 내다가 밀까지 함께 뽑을지도 모른다"(마태 13,29).

사실 종들의 물음은 당연한 것이었습니다. 하지만 집주인은 이 제안을 받아들이지 않습니다. 사실 밀과 가라지가 구별될 때에는 이미 그들 뿌리가 한데 얽혀 있어서 가라지만 뽑아낼 수 없고, 가라지를 뽑게 되면 밀까지 함께 상할 수도 있는 상황이었던 것입니다.

이는 우리가 너무 빨리 심판해서는 안 된다는 것을 가르쳐주고 있습니다.

하지만 예수님께서는 "수확" 때가 되면 확실하게 엄중한 선별 작업과 그에 따른 조치가 있을 것을 분명하게 말씀해주십니다.

"수확 때까지 둘 다 함께 자라도록 내버려 두어라. 수확 때에 내가 일꾼들에게, 먼저 가라지를 거두어서 단으로 묶어 태워 버리고 밀은 내 곳간으로 모아들이라고 하겠다"(마태 13,30).

밀과 가라지는 일단 이삭이 패고 낟알이 익으면 식별하기가 쉬워집니다. 수확 때가 되면 추수 전문가들이 가라지는 한데 모아 태우고, 밀은 곳간으로 모아들이게 할 것입니다.

"수확"은 성경에서 종말의 심판을 상징하는 전통적 표상입니다 (이사 17,5; 예레 13,24; 묵시 14,14-20 참조). 여기서 우리는 마지막 때 심판이 있음을 알게 됩니다. 이때 우리는 어떤 한 가지 행위나 생활의 한 기간만이 아닌, 전 생애에 대한 심판을 받게 될 것입니다.

그리고 이때에는 선과 악의 판별이 반드시 나타날 것이며, 선한 이들의 고통은 끝나고 악한 자들은 그들을 위해 마련되어 있는 운명을 당하게 될 것입니다.

또한 심판하실 수 있는 유일한 분은 하느님뿐입니다.

오늘 복음 말씀을 통하여 예수님께서는 교회 공동체 안에서 외형상 "가라지"로 판단되는 사람을 어떻게 상대해야 하는지에 대한 지혜를 깨우쳐주십니다.

사실 교회 안에는 선인들과 악인들이 왜 섞여 살아야 하는가, 악인들을 어떻게 대우해야 하는가라는 질문들이 언제나 있어 왔습니다. 이 비유에서 성급하게 가라지를 뽑아내려고 했던 종들은 현 세상에서 당장 선인과 악인을 가리는 심판을 요구하는, 즉 성급하게 정화작업을 요구하는 부류의 사람들입니다. 그러나 하느님께서는 그러한 심판을 원하지 않으셨습니다. 집주인이 가라지를 뽑다가 밀이 다칠 것을 염려하는 것처럼 성급한 심판으로 교회 안의 선량한 구성원들이 상처 입는 것을 하느님께서는 원하지 않으신 것입니다.

밀과 가라지의 심판은 수확 때 이루어질 것입니다. 이는 성경에 씌어 있는 그대로입니다.

"주님께서 오실 때까지 미리 심판하지 마십시오. 그분께서 어둠 속에 숨겨진 것을 밝히시고 마음속 생각을 드러내실 것입니다"(1코린 4,5).

그러기에 밀과 가라지가 얼마 동안은 섞여 있겠지만, 종들이 실망할 이유는 없습니다. 그것에 대한 판단은 종말 때에 사람의 아들이 내리실 것이기 때문입니다.

이렇게 복음의 은혜를 더듬어 보았습니다. 그 가운데 더 머물고 싶어지는 말씀은 "수확 때까지 〔…〕 내버려 두어라"(마태 13,30) 입니다.

밀을
뽑으려다
가라지를
뽑는 것.

선을
행하려다
살인을
하는 것.

같은 것이다.

내버려 두어라

보물

　오늘 복음 말씀은 "보물의 비유"와 "진주 상인의 비유" 이렇게 두 부분으로 나누어 볼 수 있습니다.

　이 두 가지 비유의 전개 양상은 비슷합니다. 하지만 이 두 이야기는 결정적인 차이를 보이고 있습니다. "보물의 비유"에서 일꾼이 보물을 찾은 것은 지극히 우연적인 일이었지만, "진주 상인의 비유"에서 상인이 값진 진주를 발견한 것은 고생길을 마다한 노력의 결과였습니다. 그럼에도 이들이 보물을 획득하기 위하여 취한 행동은 흡사했습니다. 바로 이 점을 예수님께서는 반복해서 강조하고자 했던 것입니다.

　먼저, "보물의 비유" 말씀은 이렇게 시작됩니다.
　"하늘 나라는 밭에 숨겨진 보물과 같다"(마태 13,44).
　"밭에 숨겨진 보물"은 과거 전쟁과 재앙이 빈번했던 지역에서 사람들이 금은보화를 안전하게 보관하는 방법 중 하나로 땅에 묻는 방법을 택하곤 했던 관습을 전제로 한 말씀입니다.

"탈렌트의 비유"(마태 25,14-30 참조)에서 "악하고 게으른 종"이 주인에게 받은 탈렌트를 잃어버리지 않기 위해서 땅에다 묻어두었던 것도 바로 이러한 이유입니다.

이야기는 어떤 사람이 그 보물을 발견하면서 성립됩니다.

"그 보물을 발견한 사람은 그것을 다시 숨겨 두고서는 기뻐하며 돌아가서 가진 것을 다 팔아 그 밭을 산다"(마태 13,44).

어떤 사람이 우연히 "보물"을 발견하고 그 가치를 인정합니다. 그런데 보물을 발견한 장소는 "밭"입니다. 농경 시대였던 당시 "밭"은 일상의 문화권을 의미합니다. 이는 우리가 찾는 보물이 결코 멀리 있지 않음을 시사합니다.

여기서 보물은 "하늘 나라"입니다. 이는 하늘 나라의 진리가 지극히 평범한 하루하루의 삶 가운데 감춰져 있음을 가리킵니다.

결국, 이 비유가 일깨워주는 핵심 메시지는 두 가지입니다. 하나는 "보물을 발견한 사람의 기쁨"이고, 나머지 하나는 "그 보물을 공공연히 자기의 것으로 만들기 위해 모든 것을 기꺼이 희생하는 태도"입니다.

"기뻐하며"로 번역된 그리스어 "카라스"(charas)는 세상의 일반적 기쁨이 아닌, 하느님께로부터 오는 특별한 기쁨을 가리킵니다. 이는 하늘 나라와 관련하여 발견하는 기쁨은 그 어느 것하고도 비교할 수 없는 최상의 기쁨임을 뜻합니다.

그러기에 보물을 발견한 사람은 가진 것을 다 팔아 그 밭을 사려는 마음이 동하는 것입니다.

참고로, 감춰진 보물에 대해 유다 라삐법에는 분명히 "발견한 물건은 발견자에게 속한다. 흩어진 과일이나 흩어진 돈을 발견하면 […] 이런 물건들은 발견자에게 속한다"라고 되어 있습니다. 이에 비추어 볼 때 이 사람은 자기가 발견한 것에 대한 습득권을 가지고 있었습니다. 그럼에도 불구하고 그는 이 보물을 확실히 자신의 것으로 만들기 위하여 자신의 것을 모두 팔아 그 밭을 삽니다. 억지로 사는 것이 아니라 가치를 보았기에 사는 것입니다.

따라서, 우리가 몰라서 그렇지 하늘 나라의 보물을 발견하게 되면, 저절로 우리가 지금까지 귀중하게 여기던 모든 것을 버리고 하늘 나라의 획득에 올인, 곧 투신하게 되어 있다는 것이 이 비유의 핵심이라 할 수 있습니다.

이어 예수님께서는 "진주 상인의 비유"를 들어 가르치십니다.

"또 하늘 나라는 좋은 진주를 찾는 상인과 같다"(마태 13,45).

예수님께서는 "보물의 비유"와 한 쌍을 이루며 똑같은 진리를 내포하는 또 다른 비유를 말씀하십니다. 앞의 비유와 비교해볼 때, 새로운 게 있다면 이 이야기에 나오는 사람은 좋은 진주를 찾아다니는 상인이라는 점입니다. 앞의 사람이 소박성을 지니고 있었다면 이 사람은 진리에 대한 갈증을 지녔다고 할 수 있습니다.

이 상인은 상거래의 안목이 있었기에, 과감히 투자할 줄도 압니다.

"그는 값진 진주를 하나 발견하자, 가서 가진 것을 모두 처분하여 그것을 샀다"(마태 13,46).

상인은 보물에 관한 한 전문가였을 것입니다. 그런데도 그가 발견한 진주 하나를 갖기 위하여 자신의 전 재산을 통 털어서 샀다는 것은, 그만큼 그 진주가 자신이 가진 모든 재산의 가치보다 더 귀하다는 것을 알려줍니다.

진주는 많지만, 그 가운데 최고의 가치를 지닌 진주는 단 하나뿐입니다. 이는 유일무이한 구원의 길인 예수 그리스도에 대한 상징적 표현입니다.

진주 상인을 액면 그대로 닮았던 사람이 바로 사도 바오로였습니다. 그는 로마의 그리스도인들에게 이렇게 권면했습니다.

"우리는 살아도 주님을 위하여 살고 죽어도 주님을 위하여 죽습니다. 그러므로 우리는 살든지 죽든지 주님의 것입니다"(로마 14,8).

그는 주 그리스도 안에서 "값진 진주"를 발견했기에, 그를 위하여 모든 것을 바칠 줄 알았던 것입니다.

요컨대, 밭에서 발견된 보물이건 상인에 의해서 찾아진 보물이건, 우리 신앙은 말 그대로 보물입니다.

이렇게 복음의 은혜를 더듬어 보았습니다. 그 가운데 더 머물고 싶어지는 말씀은 "하늘 나라는 밭에 숨겨진 보물과 같다"(마태 13,44)입니다.

황금으로 못 사리
참 귀하신 이름
힘겨울 때 불러보는, 주 예수 그리스도

황금으로 못 사리
참 복스런 은혜
부끄러울 때 청하는, 제 죄를 사하소서

황금으로 못 사리
참 소중한 당신
외로울 때 벗되는, 자매님 형제님

넝쿨

우러러

오늘 복음은 성경의 유명한 대목 중 하나인 "오천 명을 먹이신 기적"에 대한 이야기를 전합니다.

이야기는 갑작스럽게 세례자 요한의 죽음에서 시작됩니다.

"그때에 세례자 요한의 죽음에 관한 소식을 들으신 예수님께서는 거기에서 배를 타시고 따로 외딴곳으로 물러가셨다"(마태 14,13).

세례자 요한의 비참한 순교 소식은 아마도 전교 여행을 떠났던 제자들과(마태 10,1-6 참조) 세례자 요한의 제자들이 예수님께 와서 전하였을 것입니다(마태 14,12 참조).

당신에 앞서, 회개를 외치며 길을 닦아놓은 세례자 요한. 그의 순교 소식을 들으신 예수님의 심정은 어떠하셨을까요. 정해진 수순임을 아시면서도 그를 애도할 시간이 조금은 필요하셨을 것입니다.

"배를 타시고 따로 외딴곳으로" 물러가시기를 원하셨던 것은 의로운 죽음에 대한 안타까움과 슬픔을 수습하기 위함이었을 것으로 보입니다.

그러나 군중은 예수님을 내버려두지 않습니다. 여러 고을에서 소문을 듣고 육로로 먼저 와서 기다리고 있습니다(마태 14,13 참조).

계획이 무산된 예수님은 짜증을 내지 않으시고 그 군중을 돌보십니다.

"예수님께서는 배에서 내리시어 많은 군중을 보시고 가엾은 마음이 드시어, 그들 가운데에 있는 병자들을 고쳐 주셨다"(마태 14,14).

이 구절과 병행을 이루는 마르코 복음 6장 34절은 "그들이 목자 없는 양들 같았기 때문"에 예수님께서 가엾은 마음이 드셨다고 전해주고 있습니다.

예수님께서는 자신의 휴식을 방해하고 필요한 시간을 앗아가고 있는 군중들에게 노하지 않으셨습니다. 오히려 가엾은 마음을 지니셨습니다. 자신의 삶을 먼저 내세우지 않는 희생적인 삶은 예수님의 의지적 노력이 아니라 본성이었습니다.

이제 군중의 끼니가 문제로 부상합니다. 저녁때가 되자 제자들이 예수님께 다가와 건의합니다.

"여기는 외딴곳이고 시간도 이미 지났습니다. 그러니 군중을 돌려보내시어, 마을로 가서 스스로 먹을거리를 사게 하십시오"(마태 14,15).

사실 그곳에 모인 무리들은 대개 일용 노동자, 무직자, 환자들로서 예수님께 위로를 얻고 병을 고침 받기 위해 모여든 자들이었습니다. 그들은 갈 곳 없는 자들이었고, 자신들의 생계를 책임질 만한 능력이 없는 자들이었습니다. 저녁때까지 그들이 흩어지지 않고 모여 있었던 것은 그들이 처한 상황을 잘 반영해 줍니다.

지금 그들이 있는 장소는 한적한 광야로, 음식을 구할 장소가 없었습니다. 제자들은 군중들이 지치고 굶주려 있는 것을 보고 걱정했습니다. 그래서 예수님께 그들을 돌려보내 먹을 것을 사먹게 하라고 말씀드렸던 것입니다.

하지만 먹을 것이 없어 그곳에 머물러 있는 자들에게 스스로 먹을 것을 사먹게 하라는 것은 모순된 말이며, 무책임한 청원이었습니다. 제자들은 군중들의 상황을 알고 있었지만, 특별한 대책이 없었기 때문에 인간적인 해결책을 예수님께 제안했던 것입니다.

이에 예수님께서는 제자들에게 문제해결형 사고를 가르치고 또 떠보실 요량으로, 이렇게 말씀하셨습니다.

"그들을 보낼 필요가 없다. 너희가 그들에게 먹을 것을 주어라"(마태 14,16).

이로써 예수님은 제자들에게 굶주림에 처해 있는 군중들에게 양식을 제공할 의무가 있음을 간접적으로 가르쳐주십니다.

이는 동시에 복선이 깔린 명령이었습니다. 곧 이는 예수님 당신의 능력을 전제한 명령으로, 하느님의 영광을 드러내기 위한 것이었습니다.

예수님의 명령을 받은 제자들은 그제야 이리저리 방법을 강구하고자 했을 터입니다. 그러다가 궁색한 성과물을 예수님 앞에 내어 놓습니다.

"저희는 여기 빵 다섯 개와 물고기 두 마리밖에 가진 것이 없습니다"(마태 14,17).

"빵 다섯 개와 물고기 두 마리"는 요한 복음에 따르면 "한 아이"(요한 6,9 참조)가 가지고 있던 것으로, 한 사람의 식사에 해당하는 분량이었습니다.

예수님께서는 그 성과나마 대수롭게 받아주시고, 군중에게 풀밭에 자리를 잡으라고 지시하십니다. 군중들은 제자들의 지시에 따라 백 명씩 또는 쉰 명씩 질서정연하게 갈라 앉았습니다(마르 6,39-40 참조). 그러자 예수님께서는 당신의 할 일을 하십니다.

"그리고 빵 다섯 개와 물고기 두 마리를 손에 들고 하늘을 우러러 찬미를 드리신 다음 빵을 떼어 제자들에게 주시니, 제자들이 그것을 군중에게 나누어 주었다"(마태 14,19).

모두 배불리 먹고 남은 조각들이 "열두 광주리"에 가득하게 됩니다. 이것이 남자만 오천 명가량을 먹이신 기적 이야기의 줄거리입니다.

인간의 계산으로 도저히 가늠할 수 없는 빵의 나눔을 현실로 만드신 예수님. 그분의 그러한 기적 첫머리에는, 바로 하느님께 대한 찬미의 "기도"가 있었습니다.

우리도 모든 일에 앞서 기도하고 실행해보는 겁니다. 오늘 예수님께서 행하셨던 저 모습처럼.

이렇게 복음의 은혜를 더듬어 보았습니다. 그 가운데 더 머물고 싶어지는 말씀은 "우러러 찬미를 드리신 다음"(마태 14,19)입니다.

축복하소서.
아침에 일어날 때 첫 입술로
우러러 찬미 드리오니.

축복하소서.
하루를 시작할 때 첫 마음으로
우러러 영광 드리오니.

축복하소서.
일상을 마감할 때 첫 소회로
우러러 감사 드리오니.

우러러

오너라

오늘 복음 말씀은 두 이야기를 전해줍니다. 하나는 오천 명을 먹이신 기적 이후 예수님께서 산에 오르시어 홀로 기도하신 이야기이고, 또 다른 하나는 베드로 사도가 물 위를 걸은 이야기입니다.

첫 번째 이야기는 예수님의 속 깊은 지혜를 한껏 드러내줍니다. 도입은 지난주 복음에 이어지는 대목입니다.

"예수님께서는 곧 제자들을 재촉하시어 배를 타고 건너편으로 먼저 가게 하시고, 그동안에 당신께서는 군중을 돌려보내셨다"(마태 14,22).

오병이어의 기적을 행하신 예수님께서는 제자들을 재촉하여 배를 타고 건너편으로 먼저 가게 하십니다.

왜 그렇게 하셨을까? 요한 복음에 따르면, 오병이어의 기적을 체험한 군중이 억지로라도 예수님을 왕으로 모시려는 움직임을 보였기 때문입니다(요한 6,15 참조).

하지만 예수님께서는 정치적인 메시아를 생각하는 군중의 기대에 응하실 수 없었습니다. 앞서 세례자 요한 사건도 있었고, 당신에 대한 헤로데 안티파스의 오해에 따른 불안이 몰고 올 사태를 예견할 때, 오천 명이 결속하여 정치적 소요를 일으킨다면 하늘 나라 건설 사업은 그야말로 물거품이 될 것이었기 때문입니다.

예수님께서는 복잡한 심사를 다스리며 당신이 가셔야 할 일을 놓고 기도할 필요를 느끼셨습니다.

"군중을 돌려보내신 뒤, 예수님께서는 따로 기도하시려고 산에 오르셨다. 그리고 저녁때가 되었는데도 혼자 거기에 계셨다"(마태 14,23).

이렇게 예수님께서 혼자 기도하신 것은 예수님 자신을 위해서는 물론 제자들에게도 흥분을 가라앉히고 성찰하는 데 도움이 되었을 터입니다.

사람의 욕심이 아니라 하느님의 뜻! 이것이 예수님 기도의 제목이었을 것입니다.

그 사이에 제자들의 배는 뭍에서 멀리 떠나 풍랑에 시달립니다. 때맞추어 예수님께서는 새벽 호수 위를 걸으시어 제자들 쪽으로 가십니다. 그리고는 유령인 줄 알고 두려워 소리를 질러 대는 제자들을 안심시키십니다.

"용기를 내어라. 나다. 두려워하지 마라"(마태 14,27).

"나다"(에고 에이미: ego eimi)라는 말은 구약성경에서 하느님께서 당신의 존재를 계시하시는 공식적인 용어입니다. 동시에 신약에서는 예수님의 일을 통하여 "구원자 하느님께서 여기 계시다"라는 내용을 담고 있습니다.

이에 안심을 한 베드로가 예수님의 말씀을 반가워한 나머지 엉겁결에 충동적으로 청합니다.

"주님, 주님이시거든 저더러 물 위를 걸어오라고 명령하십시오"(마태 14,28).

이 이야기는 마태오 복음에만 나오는 이야기입니다.

베드로는 "주님"(키리에: Kyrie)이라는 엄위로운 칭호를 사용하여 예수님께 말을 겁니다.

오버한 측면은 있었지만, 베드로의 요청은 예수님을 향한 용기 있는 기도였습니다. 사실, 예수님께서는 제자들에게서 이처럼 엉뚱하면서도 모험적인 기도를 기대하고 있었다는 단서를 우리는 복음서 곳곳에서 발견할 수 있습니다.

예수님께는 거부할 이유가 없었습니다.

"예수님께서 '오너라.' 하시자, 베드로가 배에서 내려 물 위를 걸어 예수님께 갔다"(마태 14,29).

"오너라". 엘데(Elthe)! 이 명령은 베드로에게 바다를 걷게 하는 믿음의 보증이었습니다. 베드로는 이 말씀에 의지하여 예수님을 향하여 걸어갈 수 있었습니다.

하지만 그것은 잠시의 특권이었습니다. 베드로는 거센 바람을 보고서는 그만 두려워져, 물에 빠집니다(마태 14,30 참조). 이어 오고간 대화는 당시의 긴박함을 실감나게 전해줍니다.

"주님, 저를 구해 주십시오"(마태 14,30).

"이 믿음이 약한 자야, 왜 의심하였느냐?"(마태 14,31)

예수님께서는 베드로를 건져주시면서 이렇게 책망하셨지만, 여기에는 절반의 칭찬도 포함되는 것이었습니다.

"잘 나간다 했더니, 이건 또 뭐냐? 나만 똑바로 바라보았으면 이런 일이 생기지 않았을 텐데, 어찌 주변의 위험에 한눈팔았느냐. 허긴, 그나마 장하다! 다른 제자들은 언감생심 청하지도 못하는 것을 네가 청하였으니 말이다."

절반의 칭찬과 절반의 질책! 베드로니까 가능했던 믿음의 이벤트였습니다.

여하튼 바다 위를 자유자재로 거닐으시고 바람을 잠재우신 예수님께, 배 안에 있던 제자들은 압도되어 저절로 신앙고백을 하기에 이릅니다.

"스승님은 참으로 하느님의 아드님이십니다"(마태 14,33).

이렇게 복음의 은혜를 더듬어 보았습니다. 그 가운데 더 머물고 싶어지는 말씀은 "오너라"(마태 14,29)입니다.

물 위를 걸었네.
오너라, 한 말씀에 홀린 듯이 걸었네.
주님의 눈만 보며 저벅저벅 걸었네.

물 속에 빠졌네.
풍랑이 두려워져 놀란 듯이 빠졌네.
산더미 파도 보며 허겁지겁 빠졌네.

또 다시 걸었네.
오너라, 한 말씀에 미친 듯이 걸었네.
불리운 사명 향해 뚜벅뚜벅 걸었네.

오너라

바라는 대로

오늘 복음 말씀은 예수님께서 유다인들과의 논쟁을 피하여 잠시 갈릴래아 지방을 떠나 이방인의 땅으로 가셨을 때 일어난 일을 전해주고 있습니다. 당신께 조상들의 전통을 따르지 않는다고 공격해온, 예루살렘에서 내려온 바리사이들과 율법 학자들을 자극하지 않으려고 외곽으로 물러나 계시던 차였습니다.

"예수님께서 그곳을 떠나 티로와 시돈 지방으로 물러가셨다"(마태 15,21).

"티로"와 "시돈"은 지중해변에 있는 고대 페니키아의 주요 항구 도시로서, 본디 바알신을 믿던 이방인 지역이었습니다. 예수님 시대에는 이 도시들을 "시리아 페니키아"(마르 7,26)라고 부르기도 하고, 그 옛날의 호칭을 따라 "가나안 지방"이라고도 불렀습니다.

그런데 그 고장에서 한 "가나안 부인"이 나와 소리를 지르며 예수님께 도움을 청했습니다.

"다윗의 자손이신 주님, 저에게 자비를 베풀어 주십시오. 제 딸이 호되게 마귀가 들렸습니다"(마태 15,22).

이는 이미 예수님에 대한 명성이 시리아에까지 퍼져나갔던 사실(마태 4,24 참조)을 전제합니다.

여기서 "가나안 부인"은 그 지방 토박이 부인이란 뜻으로 이방인이라는 사실을 강조하는 표현입니다.

가나안 부인이 외친 "주님"은 이방인들이 부르는 하느님의 호칭이고, "다윗의 자손"은 유다인들이 부르던 메시아의 칭호입니다. 지금 이 부인은 두 문화권의 거창한 용어를 동원하여 예수님께서 신적 권능을 지니신 메시아이심을 고백하고 있는 것입니다.

하지만 예수님께서는 일부러 못 들은 체하시고, 제자들은 어쨌든 여자를 돌려보내어 소란을 잠재우기를 예수님께 권합니다(마태 15,23 참조).

결론을 앞당겨서 헤아려볼 때, 사실 예수님께서는 가나안 여인을 도울 심산이셨습니다. 하지만 믿음을 시험할 요량으로 달리 말씀하십니다.

"나는 오직 이스라엘 집안의 길 잃은 양들에게 파견되었을 뿐이다"(마태 15,24).

예수님의 이 말씀은 일단 사실이었습니다. 이스라엘 집안의

"길 잃은 양들"을 구원하는 것이 당신께 급선무였음은 정해진 일이었습니다. 이는 앞서 열두 제자를 파견하시며 내리신 지침과도 잇닿아 있습니다.

"다른 민족들에게 가는 길로 가지 말고, 사마리아인들의 고을에도 들어가지 마라. 이스라엘 집안의 길 잃은 양들에게 가라"(마태 10,5-6).

사실 예수님의 이번 여행 목적은 이방인 전교가 아니었습니다. 예수님의 구세사업은 먼저 동족 이스라엘인들에게 펴는 것이었고, 이방인들의 전교는 그다음이었습니다.

하지만 가나안 부인의 절박한 청원을 외면할 수도 없는 것이 예수님의 고민이었습니다. 그렇다고 너무 쉽게 예외 조치를 취하는 것도 제자들에게는 본이 되지 못할 일이었습니다.

바로 이런 속사정에서 예수님께서는 여인의 믿음이 제자들의 마음을 긍정적으로 움직이도록 저렇게 촉발하셨던 것입니다. 이에 여인은 예수님의 기대에 부응하기라도 하듯이, 그분께 다가가 엎드려 절하며 간절히 청합니다.

"주님, 저를 도와주십시오"(마태 15,25).

이 부인은 직전에 예수님께서 하신 말씀을 듣고, 실망과 섭섭함을 느꼈을 것입니다. 그럼에도 그녀가 예수님께 다가와 간청을 드릴 수 있었던 것은, 예수님께서 사람들을 차별 없이 사랑하시며 그들의 아픔을 없애주신다는 말을 들었기 때문입니다.

여인은 막무가내로 매달렸습니다. "주님, 저를 도와주십시오"
는 결국 인간이 하느님께 청할 수 있는 궁극의 기도입니다.

지금 예수님의 촉은 여인을 향하고 있는 동시에 제자들에게도
향하고 있습니다. 제자들이 좀 더 강한 믿음의 고백을 듣기를 원
하신 예수님은 여인의 믿음에 도발적인 선언을 합니다.

"자녀들의 빵을 집어 강아지들에게 던져 주는 것은 좋지 않
다"(마태 15,26).

"강아지"는 예수님 고유의 언어가 아니라 당시 유다인들의 표
현법이었습니다. 예수님 시대에 유다인들은 이방인들을 "개" 또
는 "돼지"라 했던 것입니다(마태 7,6 참조). 예수님의 이 표현은 일종
의 격언이었다고 볼 수 있습니다.

여인은 다시금 예수님의 의도를 충족시키고도 남는 신앙을 드
러냅니다.

"주님, 그렇습니다. 그러나 강아지들도 주인의 상에서 떨어지
는 부스러기는 먹습니다"(마태 15,27).

유다인들은 식탁에서 식사가 끝나면 빵 부스러기로 손을 비벼
씻습니다. 그때 떨어지는 빵 부스러기는 강아지 차지입니다. 가
나안 부인은 이 점을 들어 자기 간청을 철회하지 않았습니다. 가
나안 부인은 단지 이방인이라는 상황과 조건 때문에 구원에서 배

제되어서는 안 된다는 사실을 세 번에 걸친 간절한 탄원으로 인상 깊게 강조하고 있습니다.

일찍이 이런 믿음을 보신 적이 없었던 예수님께서는 속으로 쾌재를 부르셨을 터입니다.

"옳거니, 바로 그것이다!"

이런 감동으로 예수님께서는 탄복하시며 치유를 선언하십니다.

"아, 여인아! 네 믿음이 참으로 크구나. 네가 바라는 대로 될 것이다"(마태 15,28).

마침내 예수님의 입에서 감탄이 터져 나왔습니다. "아, 여인아!"라는 경탄의 호칭 속에는 이미 기도응답이 실려 있었습니다. 뒤에 이어지는 "네 믿음이 참으로 크구나. 네가 바라는 대로 될 것이다"라는 말씀은 부연이었을 따름입니다.

이렇게 복음의 은혜를 더듬어 보았습니다. 그 가운데 더 머무르고 싶어지는 말씀은 "네가 바라는 대로 될 것이다"(마태 15,28)입니다.

저를 도와주소서,
세 번

집요한 고집으로 청했더니
그대로 되었네.

저를 도와주소서,
세 번이 아니라 세 번의 서른 배라도
거듭할 요량으로 청했더니
들어주셨네.

바라는 대로

행복하리라

오늘 복음 말씀은 예수님께 대한 베드로의 신앙고백과 그로 인하여 베드로가 예수님께로부터 하늘 나라의 열쇠를 받는 장면을 그려주고 있습니다.

필리피의 카이사리아에 이르러 예수님께서는 당신의 활동에 대하여 "중간결산"하는 의미에서 당신에 대한 사람들의 의견을 물으셨습니다.

주님은 먼저 다른 이들의 생각을 물어보십니다.

"사람의 아들을 누구라고들 하느냐?"(마태 16,13)

이에 제자들은 자신들이 전해들은 대로, 회개의 길을 선포하던 세례자 요한, 말라키 예언서에서 주님의 날에 오시기로 예언되었던 엘리야(말라 3,23), 고통 받는 의인이었던 예레미야와 같은 인물들을 언급합니다.

이제 주님은 제자들의 입장을 물어보십니다.

"그러면 너희는 나를 누구라고 하느냐?"(마태 16,15)

이 질문의 핵심은 주님께 대한 인간적인 입장에서 자신이 부분적으로 체험하고 느꼈던 견해를 묻는 것이 아닙니다. 다른 이들과는 분명히 구별되는 제자들 "너희 자신"은 어떤 확신을 갖고 있느냐 하는 질문입니다. 이는 단순한 고백의 문제를 넘어, 주님과 자신의 삶과의 관계가 전제되어 있는 질문이기도 합니다.

그때 베드로 사도가 다른 사도들에게 뒤질세라 선수 쳐서 대답합니다.

"스승님은 살아 계신 하느님의 아드님 그리스도이십니다"(마태 16,16).

외형상 이 대답은 베드로의 운명을 바꾸어 놓았습니다. 이로써 베드로는 예수님의 전폭적인 신임을 얻어 교회의 반석으로 선언되었기 때문입니다.

"시몬 바르요나야, 너는 행복하다! 살과 피가 아니라 하늘에 계신 내 아버지께서 그것을 너에게 알려 주셨기 때문이다. 나 또한 너에게 말한다. 너는 베드로이다. 내가 이 반석 위에 내 교회를 세울 터인즉, 저승의 세력도 그것을 이기지 못할 것이다"(마태 16,17-18).

저 고백 덕분에 이전까지의 이름 "시몬 바르요나"(=요나의 아들 시몬)에서 "바위"를 뜻하는 "베드로"라는 이름으로 개명됩니다. 이는 베드로가 교회의 기초가 될 것임을 가리킵니다. 또한 베드로는 하늘 나라의 열쇠도 받게 됩니다.

"또 나는 너에게 하늘 나라의 열쇠를 주겠다. 그러니 네가 무엇이든지 땅에서 매면 하늘에서도 매일 것이고, 네가 무엇이든지 땅에서 풀면 하늘에서도 풀릴 것이다"(마태 16,19).

주목할 것은 베드로의 이 카이사리아 고백이 마태오 복음에서 특별한 위치를 차지하고 있다는 사실입니다. 이 고백이 있은 뒤부터("그때부터": 마태 16,21) 예수님은 당신의 수난에 대하여 드러나게 말씀하시고 수난과 부활의 사건들이 전개될 예루살렘을 향하여 여정을 시작하십니다.

그리고 훗날 예수님께서 가신 수난의 길은 베드로를 수반으로 한 제자들이 가야 할 운명이 되었습니다. 하지만 그들에게는 오늘 베드로와 제자들에게 주신 약속이 든든한 버팀목이 되어 주었습니다.

"저승의 세력도 그것을 이기지 못할 것이다"(마태 16,18).

2,000년을 채워가는 교회의 역사는 "저승의 세력"과의 싸움으로 점철되어 왔다고 해도 과언이 아닙니다. 그럼에도, 온갖 박해와 거짓 세력들의 유혹들이 교회의 기반을 흔들어 대는 가운데, 교회는 꿋꿋하게 "땅 끝까지"를 향한 복음 선포의 사명을 다해왔

습니다.

이는 전적으로 주님의 이 약속 덕이었습니다. 이 약속은 주님을 "살아 계신 하느님의 아드님 그리스도"로 고백하고 섬기는 이들에게 영원히 유효하기 때문입니다.

오늘 복음 말씀은 베드로 사도의 신앙에 대해서만 언급합니다만, 사도 바오로 역시 어느 기회에 심각한 물음에 직면했습니다.

"나에게 그리스도는 누구인가?"(마태 16,15; 사도 9,5 참조)

처음에 그는 베드로와는 다른 대답을 가슴에 품고 있었습니다. 본래 그는 예수를 그리스도로 고백하는 이들을 짓밟은 자였습니다. 그는 예수님을 지독한 사이비 교주라 생각했을 터입니다.

그런 그가 돌연 이방인을 위한 세기의 복음 선포자로 바뀌었습니다. 이 놀라운 반전은 그가 그리스도인들을 박해하기 위하여 말을 타고 다마스쿠스로 가던 중 빛으로 오신 예수님을 만나 회개하면서 시작되었습니다. 그 이후 그는 성령에 이끌려 곧장 아라비아 산으로 들어가 몇 년간 침묵의 세월을 지냅니다.

확실한 것은 그가 예수님을 독대하며 계시를 받았다는 사실입니다. 은둔이랄까 은거랄까, 연수랄까 피정이랄까, 기도랄까 관상이랄까, 아라비아에서 일어난 3년간의 일을 그는 다음과 같이 요약합니다.

"형제 여러분, 여러분에게 분명히 밝혀 둡니다. 내가 전한 복음은 사람에게서 비롯된 것이 아닙니다. 그 복음은 내가 어떤 사람에게서 받은 것도 아니고 배운 것도 아닙니다. 오직 예수 그리스도의 계시를 통하여 받은 것입니다"(갈라 1,11-12).

사도 바오로처럼 진정 그분을 만나면, 새로운 차원이 열립니다. 우리 자신마저 전혀 새로운 사람으로 변화됩니다.
"너희는 나를 누구라고 하느냐?"(마태 16,15)
바오로 사도는 이 응답을 온전히 하는 데에 자신의 생애를 바쳤습니다.
"나는 훌륭히 싸웠고 달릴 길을 다 달렸으며 믿음을 지켰습니다"(2티모 4,7).

이렇게 복음의 은혜를 더듬어 보았습니다. 그 가운데 더 머물고 싶어지는 말씀은 "너는 행복하다!"(마태 16,17)입니다.

행복하리라.
천하가 나를 버려도
아버지께서 나를 품어주신다면야.

행복하리라.
모두가 나를 미워해도
아버지께서 나를 사랑해주신다면야.

행복하여라

십자가

오늘 복음은 베드로의 역사적인 신앙고백 바로 다음에 이어지는 에피소드를 전해줍니다.

지난주 복음에서 예수님께서는 당신의 신원을 물으시는 질문에 "살아 계신 하느님의 아드님 그리스도"(마태 16,16)라고 고백한 베드로를 잔뜩 칭찬하시며 그를 교회의 반석으로 삼으시는 선언을 하셨습니다.

하지만 그리스도, 곧 메시아에 거는 유다인들의 잘못된 기대를 이미 알고 계셨던 예수님께서는, 차제에 메시아로서 당신께서 가셔야 할 수난의 길을 명확히 밝혀두고자 하셨습니다.

"그때부터 예수님께서는 당신이 반드시 예루살렘에 가시어 원로들과 수석 사제들과 율법 학자들에게 많은 고난을 받고 죽임을 당하셨다가 사흘날에 되살아나셔야 한다는 것을 제자들에게 밝히기 시작하셨다"(마태 16,21).

여기서 "반드시"는 "꼭"이라는 뜻이 아니고, 이미 예언서들에 기록된바 그대로라는 의미인 동시에, 그것이 바로 아버지의 뜻이기에 예수님께서 기꺼이 순명할 것이라는 각오를 가리킵니다.

하지만 이 말씀에 베드로는 즉각적으로 말리려합니다.

"그러자 베드로가 예수님을 꼭 붙들고 반박하기 시작하였다"(마태 16,22).

베드로는 그냥 만류한 것이 아니라 예수님을 "꼭 붙들고" 막아섰습니다. 게다가 예의를 갖춰 말한 것이 아니라 "반박하기"까지 했습니다. 그의 말은 강경했습니다.

"맙소사, 주님! 그런 일은 주님께 결코 일어나지 않을 것입니다"(마태 16,22).

베드로의 생각에 죄 없는 예수님이 수난을 받으신다는 것은 천부당만부당한 일이었습니다. 그러기에 그는 극구 반대했습니다.

"맙소사!"에 해당하는 그리스어는 "(하느님께서) 당신께 은혜로우시기를!" 정도로 직역할 수도 있습니다. 하느님께서 은혜를 베푸시어 그런 일이 일어나지 않도록 막아주시기를 기원하는 의미이겠습니다.

베드로의 이 말은 "주님께서 수난과 죽임을 당하시는 일이 있을 수도 없고, 있어서도 안 된다"는 뜻입니다.

하지만 예수님께서는 더 단호하셨습니다.

"사탄아, 내게서 물러가라. 너는 나에게 걸림돌이다. 너는 하느님의 일은 생각하지 않고 사람의 일만 생각하는구나!"(마태 16,23)

"사탄아, 물러가라"라는 말씀은 광야에서 유혹해오는 악마를 물리치시는 예수님의 모습을 상기시켜줍니다(마태 4,10 참조). 예수님의 이 매정한 거절은 앞서 베드로에게 보낸 축복(마태 16,17 참조)과는 대조를 이룹니다. 이는 베드로가 예수님께서 가실 길을 가로막는 "걸림돌"로 나서기 때문에 그렇게 불린 것입니다.

"물러가라"는 말은 "꺼져 없어지라"는 뜻이 아니고 "내 앞 길을 가로 막지 말고 뒤로 물러나라"는 뜻입니다. 곧 "제자인 너의 자리에 다시 가라! 너는 나에 대한 하느님의 계획에 장애물이다"라는 의미라 하겠습니다.

결국 베드로에게 그리고 그가 대표하는 제자들 및 믿는 이들에게 요구되는 바는 "사람의 일"을 뛰어넘어 "하느님의 일"을 생각하고 그에 따라 행동하는 것입니다.

이어 예수님께서는 기왕 말이 나온 김에 제자직의 선행조건에 대하여 확실히 천명하십니다.

"누구든지 내 뒤를 따라오려면, 자신을 버리고 제 십자가를 지고 나를 따라야 한다"(마태 16,24).

이 말씀은 예수님의 제자가 되는 데 필요한 조건을 제시하고 있습니다. 주님의 뒤를 따르려는 사람은 다음의 두 가지 조건을 채워야 함을 여기서 말해주고 있습니다.

첫째, "자기 자신을 버려야" 합니다. "자기를 버린다는 것"은 예수님께서 자신을 버리셨던 것과 같이 보다 더 큰 것을 얻기 위해 보다 작은 것을 포기하는 것입니다. 그러기에 예수님의 뒤를 따르는 자는 모든 것을 포기해야 합니다. 목숨까지도 버릴 용기를 가져야 합니다.

둘째, "제 십자가를 져야" 합니다. 여기서 말하는 십자가는 짐과는 다릅니다. 짐은 극복할 대상이지만 십자가는 수용해야 할 대상입니다. 여기서 말하는 십자가는 우리를 위해 십자가를 지신 예수님과 복음을 위해서 그리고 하느님의 의를 위해서 지는 것을 의미합니다. 요컨대 하느님 사랑과 이웃 사랑 때문에 우리는 십자가를 져야 하는 것입니다.

이 말씀은 우리에게 지혜를 요구합니다. 어떤 사실에 대해 이름을 어떻게 붙이느냐에 따라 그것을 바라보는 관점이 달라집니다. 이 사소한 차이가 부정과 긍정의 갈림길이 되기도 하고, 절망과 희망의 분수령이 되기도 합니다. 그러기에 어떤 사실을 놓고 그것을 "십자가"라고 이름 붙여야 하는지 "짐"이라고 불러야 하는지 식별하는 것도 신앙의 지혜에 속하는 것입니다.

그다음의 말씀은 예수님 가르침 가운데 백미에 해당합니다.

"정녕 자기 목숨을 구하려는 사람은 목숨을 잃을 것이고, 나 때문에 자기 목숨을 잃는 사람은 목숨을 얻을 것이다. 사람이 온 세상을 얻고도 제 목숨을 잃으면 무슨 소용이 있겠느냐? 사람이 제 목숨을 무엇과 바꿀 수 있겠느냐?"(마태 16,25-26)

여기서 "잃다"와 "얻다"라는 대조적 표현의 중심에는 그리스도가 있습니다. 요지는 그리스도를 얻은 사람은 다 잃어도 "목숨"을 건진 셈이지만, 그리스도를 잃은 사람은 다 얻어도 목숨을 잃은 셈이 된다는 것입니다.

이 진실과 관련한 정확한 정산은 마지막 때에 각자의 "행실"에 따라 이루어질 것입니다(마태 16,27 참조).

이렇게 복음의 은혜를 더듬어 보았습니다. 그 가운데 더 머물고 싶어지는 말씀은 "제 십자가를 지고"(마태 16,24)입니다.

주 예수 나를 위해 십자가를 지셨네.
내 허물, 내 잘못 가득 실린 십자가를 지셨네.
내 근심, 내 걱정 가득 실린 십자가를 지셨네.

나 오늘 주를 위해 십자가를 지겠네.

주 이름, 주 영광 받들기 위해 십자가를 지겠네.
주 복음, 주 말씀 전하기 위해 십자가를 지겠네.

십자가

당신 이름으로

오늘 복음 말씀을 크게 두 부분으로 나누면, 첫째 부분(마태 18,15-18 참조)에서는 공동체 안에서 누가 죄를 지을 경우에 어떻게 해야 하느냐는 문제를 다루고 있습니다. 둘째 부분(마태 18,19-20 참조)에서는 공동체의 기도에 관한 예수님의 약속이 나옵니다.

사람들이 함께 살아간다는 것은 그리 쉬운 일이 아닙니다. 왜냐하면 우리들은 서로 다른 느낌, 기질, 성격, 견해들을 가졌기 때문입니다. 보고, 듣고, 맛보고, 냄새 맡고, 느끼는 모든 것이 다릅니다. 그렇기 때문에 대부분의 경우 기쁨과 행복보다는 갈등과 대립, 반목과 상처들이 서로 뒤엉켜 있기 십상입니다. 그것은 신앙인들의 공동체도 마찬가지입니다. 그래서 아우구스티노 성인은 이런 말을 남겼습니다.

"우리 인간들은 서로 부딪히면 깨져버리는 토기 그릇과 같다."

오늘 복음의 첫째 부분은 누가 교회 공동체 안에서 걸려 넘어지게 하는 죄를 지었을 경우 이를 원만하게 해결하기 위한 지혜를 가르쳐줍니다. 예수님께서는 그가 회개하도록 하기 위하여 네 단계의 조치를 취할 것을 권하십니다.

첫째로 개인적으로 찾아가 그에게 잘못을 지적하여 고쳐주라는 것입니다.

"네 형제가 너에게 죄를 짓거든, 가서 단둘이 만나 그를 타일러라"(마태 18,15).

"형제"라는 표현은 그 죄를 지은 사람을 형제애로써 대해줘야 함을 시사합니다.

여기서 중요한 것은 "단둘이" 만난다는 것입니다. 곧 죄와 죄인을 처음부터 공동체 전체에 드러내 놓지 말고 조용히 만나서, 그가 불필요하게 명예를 훼손당하는 일 없이 잘못을 깨닫고 회개할 수 있도록 해주어야 한다는 것입니다. 그것이 통하면 반가운 일입니다.

"그가 네 말을 들으면 네가 그 형제를 얻은 것이다"(마태 18,15).

둘째로, 두세 사람이 그에게 잘못을 고치도록 권고하라는 것입니다.

"그러나 그가 네 말을 듣지 않거든 한 사람이나 두 사람을 더 데리고 가거라. '모든 일을 둘이나 세 증인의 말로 확정지어야 하기' 때문이다"(마태 18,16).

이는 율법에서 참된 증거를 위해 요구하는 조건을 충족시키기 위한 조치입니다(신명 19,15 참조). 하지만 이는 단순히 죄인을 재판으로 끌고 가기 위한 예비 조처가 아닙니다. 최종적 단계를 가능하면 뒤로 미루면서 더욱 강력하게 회개를 권고하려는 것입니다.

할 수 있다면 이 단계에서 소기의 성과를 거둘 수 있어야 한다는 것이 이 조치의 근본 목적일 것입니다. "두세 사람" 역시 죄를 지은 형제의 프라이버시를 존중하는 범위에서 최선을 다해 설득해야 합니다. 그 형제가 최소한의 믿음과 상식을 가지고 있다면, 그는 이 단계에서 회개할 수도 있습니다.

셋째로, 잘못을 저지르는 형제나 자매가 두세 사람의 말도 듣지 않으면 지역 교회에 알리라는 것입니다.

"그가 그들의 말을 들으려고 하지 않거든 교회에 알려라"(마태 18,17).

여기서 죄지은 형제에 대한 마지막 권면자인 "교회"는 지역의 "그리스도인의 공동체"를 뜻합니다. 이제 교회 공동체 전체가 다시 한 번 죄인의 회개를 위하여 노력을 기울이는 것입니다.

그리고 이 마지막 조치인 교회의 말도 듣지 않으면 그를 이방인이나 세리, 즉 죄인으로 간주하라는 것입니다.

"교회의 말도 들으려고 하지 않거든 그를 다른 민족 사람이나 세리처럼 여겨라"(마태 18,17).

이는 유다인들을 기준으로 하는 말로서 자기들과는 관계가 없음을 드러내는 속담식의 표현입니다. 곧 "너는 이제 상관하지 마라. 더 이상 네 책임이 아니다"라는 뜻입니다. 또한 "이제 무슨 일이든 간에 예수님만이 하실 수 있다"는 의미도 내포한다 볼 수 있습니다.

이런 절차를 다 밟을 때, 결국, 죄인은 교회가 자기를 내쫓기 이전에 형제들과 교회가 제시하는 회개의 여러 기회를 거부함으로써, 스스로 구원의 공동체를 벗어난 셈이 됩니다.

이 이야기의 결론으로 예수님께서는 교회의 권한에 대하여 말씀하십니다.

"내가 진실로 너희에게 말한다. 너희가 무엇이든지 땅에서 매면 하늘에서도 매일 것이고, 너희가 무엇이든지 땅에서 풀면 하늘에서도 풀릴 것이다"(마태 18,18).

이 말씀은 앞서 지지난주 복음에서 베드로에게 주어진 "열쇠의 권한"과 뜻을 같이 합니다.

"네가 무엇이든지 땅에서 매면 하늘에서도 매일 것이고, 네가 무엇이든지 땅에서 풀면 하늘에서도 풀릴 것이다"(마태 16,19).

이전에는 매고 푸는 권한이 베드로에게 주어진 반면, 여기서는 죄지은 형제를 권면하는 주체인 제자들을 비롯한 그리스도인이나 교회 공동체에 주어집니다.

이렇듯이 교회 공동체에는 엄청난 권한이 주어져 있습니다. 그러기에 예수님께서는 이어서 공동체의 기도를 권면하십니다.

"내가 또 진실로 너희에게 말한다. 너희 가운데 두 사람이 이 땅에서 마음을 모아 무엇이든 청하면, 하늘에 계신 내 아버지께서 이루어 주실 것이다"(마태 18,19).

이 말씀은 일차적으로, 이 구절 앞에서 언급된 죄지은 형제들의 문제와 연결됩니다. 이러한 공동체의 결속 정신은 "하늘에 계신 하느님 아버지"께서 뒷받침해주실 것입니다. 잘못한 사람을 교정할 때 두세 사람의 힘을 빌리라고 하셨듯이, 여기서도 "두 사람"의 합심이 강조되고 있습니다.

더 나아가 이 말씀은, 이차적으로, 교회 또는 제자들의 모든 기도에 하느님께서 꼭 응답해주심을 강조해줍니다. "무엇이든"이라는 표현은 그 강조에 더욱 힘을 보태줍니다.

이 약속의 말씀에는 그 이유까지 덧붙여집니다.

"두 사람이나 세 사람이라도 내 이름으로 모인 곳에는 나도 함께 있기 때문이다"(마태 18,20).

이는 어투로는 이유에 해당하지만, 내용적으로는 사실상 같은 말씀의 반복입니다. "주님께서 함께 있어" 주시면, 경청해주시고 응답해주실 것 역시 기대해 마땅하다는 얘기가 되기 때문입니다. 이로써 예수님께서는 "반드시 들어주신다"는 것을 강조하신 셈입니다.

　이렇게 복음의 은혜를 더듬어 보았습니다. 그 가운데 더 머물고 싶어지는 말씀은 "내 이름으로"(마태 18,20)입니다.

　　우리는 당신 것.
　　당신 이름으로 모인 양 떼
　　불기둥 구름기둥으로 인도하시니.

　　우리는 당신 것.
　　당신 이름으로 올린 기도
　　한가득 축복으로 들어주시니.

　　우리는 당신 것.
　　당신 이름으로 청한 보호
　　꺼질세라 날아갈세라 응해주시니.

당신 이름으로

처럼

오늘 복음 말씀은 그리스도교 신앙 덕목의 진수를 드러내주는 대목 가운데 하나입니다. "일흔일곱 번" 죄를 용서한다는 정신이야말로 그리스도교 고유의 가르침이기 때문입니다. 더구나 이와 관련하여 언급된 "일만 탈렌트 빚을 탕감받은 이의 비유"는 우리를 무제한으로 용서하시는 하느님의 자비를 극명하고도 감동적으로 드러내주고 있습니다.

지난주 복음 말씀에서 공동체 안에서 죄지은 형제를 어떻게 상대해야 하는가에 대해서 예수님께서 명쾌하게 다단계 접근법을 일러주셨습니다.

이에 고무된 베드로가 예수님께 질문하는 것으로 오늘 복음 말씀은 시작됩니다.

"주님, 제 형제가 저에게 죄를 지으면 몇 번이나 용서해 주어야

합니까? 일곱 번까지 해야 합니까?"(마태 18,21)

소박한 공명심이 있었던 베드로 사도는 나름 칭찬을 받기 위해 "일곱 번"이라는 숫자를 제시한 것으로 보입니다. "일곱"이라는 숫자는 성경에서 완전함을 나타내는 수입니다.

그런데, 당시 라삐들의 교훈에 따르면, 사람은 형제를 "세 번"까지 용서해야 한다고 했습니다. 하지만 베드로는 여기서 더 나아가 파격적으로 "일곱 번이면 되느냐"를 물었던 것입니다.

이번에도 예수님의 가르침은 제자들의 생각을 뛰어 넘습니다.

"내가 너에게 말한다. 일곱 번이 아니라 일흔일곱 번까지라도 용서해야 한다"(마태 18,22).

제시된 숫자는 그 양으로서보다도 그 수사법의 탁월함으로 놀라움을 제공합니다.

"일곱"이라는 숫자가 완전과 끝냄의 수라면, 예수님께서 제시한 "일흔일곱" 번의 수는 베드로가 제시한 "일곱"이라는 수에 "일곱의 열 배"가 보태진 숫자입니다. 이는 예수님께서는 베드로가 제시한 의견을 나무라거나 교정하는 것이 아니라 오히려 그것을 시인하시면서 또 강조하신 것으로 볼 수도 있습니다.

루카 복음에서는 이 대목에서 용서의 횟수를 "하루에 일곱 번"으로 전하고 있고, "회개하는 죄인의 용서"를 강조하고 있습니다.

"그가 너에게 하루에도 일곱 번 죄를 짓고 일곱 번 돌아와 '회개합니다.' 하면, 용서해 주어야 한다"(루카 17,4).

그런데 마태오 복음에서는 비록 화해의 과정이 없고 잘못을 뉘우치는 말이 없다 하더라도, 그 형제의 잘못을 용서해야 한다고 전하고 있습니다. 어찌되었든 예수님께서 말씀하시는 "일흔일곱 번"이나 "하루에 일곱 번"이라는 수는 정확한 횟수를 가리키는 것이 아니라 "무한정으로 용서해야 한다"는 것을 나타냅니다.

"좀 과하지 않은가? 어떻게 저런 용서가 가능하겠는가?"

제자들은 아마도 이런 물음을 던졌을 법합니다. 이를 짐작하셨던지, 예수님께서는 임금의 비유를 들어 가르치십니다.

"그러므로 하늘 나라는 자기 종들과 셈을 하려는 어떤 임금에게 비길 수 있다. 임금이 셈을 하기 시작하자 만 탈렌트를 빚진 사람 하나가 끌려왔다"(마태 18,23-24).

이 비유는 마태오 복음에만 등장합니다.

빚 정리가 시작되자 먼저 "만 탈렌트"를 빚진 사람이 끌려옵니다. 그런데 이 사람의 채무액이 그야말로 상상을 초월합니다.

그리스의 화폐 단위인 1탈렌트는 6천 드라크마입니다. 1드라크마는 로마의 화폐 단위로 1데나리온이고, 이는 당시 노동자 한 사람의 정상적인 하루 품삯이었습니다. 따라서 만 탈렌트는 6천만 데나리온이고 노동자가 6천 만일 일해서 받을 수 있는 돈입니다. 사실상 이 빚은 한 개인에게는 지불 불가능한 엄청난 금액임을 알 수 있습니다. 하지만 임금은 종의 딱한 처지를 알고 "가엾은 마음이 들어"(마태 18,25-27 참조) 그를 놓아주고 부채도 탕감해 줍니다.

이야기의 반전은 여기서 이루어집니다. 그 종은 자기에게 "백 데나리온" 빚진 동료를 만나자 멱살을 잡고 상환독촉을 했습니다 (마태 18,28 참조). "집채"만 한 빚을 탕감받은 사람이 "개미집"만 한 빚을 받으려고 "감옥"에까지 집어넣으며 행패를 부리는 꼴이었습니다.

이 억울한 일은 동료들을 통하여 집주인에게 전달됩니다. 드디어 이 종에 대한 주인의 의로운 처분이 내려집니다.

"'이 악한 종아, 네가 청하기에 나는 너에게 빚을 다 탕감해 주었다. 내가 너에게 자비를 베푼 것처럼 너도 네 동료에게 자비를 베풀었어야 하지 않느냐?' 그러고 나서 화가 난 주인은 그를 고문 형리에게 넘겨 빚진 것을 다 갚게 하였다"(마태 18,32-34).

주인은 그 종을 "악한 종"이라고 부르면서 탕감을 원천 무효화합니다. "빚진 것을 다 갚게 하였다"는 말은 결국 그가 영원한 벌로 넘겨졌음을 뜻합니다.

이 말씀에 이어 예수님의 가르침은 대단원에 이릅니다.

"너희가 저마다 자기 형제를 마음으로부터 용서하지 않으면, 하늘의 내 아버지께서도 너희에게 그와 같이 하실 것이다"(마태 18,35).

여기서 예수님께서는 "진심으로" 곧 "마음으로부터"를 덧붙이십니다. 그만큼 중요하다는 말입니다.

이렇듯이 "용서"는 그리스도인의 단순한 의무가 아니라 그리스도인의 본질에 속한 것입니다. 용서해야 할 상황에 처할 때 우리는 항시 주님의 경고성 권고를 상기할 줄 알아야 합니다. 다른 형제자매들이 우리에게 잘못한 것은 모두 합쳐도 겨우 "백 데나리온" 정도에 지나지 않습니다. 이는 우리가 하느님께로부터 탕감받은 용서의 빚 "만 탈렌트"에 비하면 아무것도 아닙니다. 이 대조만 깨달아도 용서는 그리 어려운 일만은 아닐 것입니다.

이렇게 복음의 은혜를 더듬어 봤습니다. 그 가운데 머물고 싶어지는 말씀은 "내가 너에게 자비를 베푼 것처럼"(마태 18,33)입니다.

나처럼만 해라.
그것으로 족하다.

본 대로만 해라.
어렵지 않다.

시늉하듯 해라.
재미있다.

처럼

꼴찌를 위한 기도

　오늘 복음에서 예수님은 하늘 나라를 설명하는 마태오 복음 특유의 비유 가운데 하나로, "선한 포도밭 주인의 비유"를 들려주십니다.

　이 비유를 올바로 이해하려면, 비유가 나오게 된 배경을 알 필요가 있습니다.

　그 첫째 배경은 "보상에 대한 베드로의 질문"입니다. 이 비유 바로 앞에서 베드로는 예수님께 묻습니다.

　"보시다시피 저희는 모든 것을 버리고 스승님을 따랐습니다. 그러니 저희는 무엇을 받겠습니까?"(마태 19,27)

　이 비유에 대한 답변을 대신하여 예수님께서는 오늘 복음의 비유를 들려주십니다.

　그 둘째 배경은 공동체 안에서 이른바 "텃세"라는 것이 문제가 될 경우가 있다는 사실입니다. 초기 교회 공동체 안에는 처음부터 제자 공동체의 구성원이었던 제자들도 있고 나중에 합류한 제자들도 생겨나게 되었습니다. 처음부터 제자 공동체에 속했던 제자들은 나중에 합류한 제자들에 비해 우월한 것처럼 보였을 것입니다. 그래서 그것이 갈등을 빚었을 터였습니다.

이러한 물음과 관련해서 예수님은 "그런데 첫째가 꼴찌 되고 꼴찌가 첫째 되는 이들이 많을 것이다"(마태 19,30)라는 말씀으로 대답하십니다.

본문에서 비유는 이렇게 시작됩니다.

"하늘 나라는 자기 포도밭에서 일할 일꾼들을 사려고 이른 아침에 집을 나선 밭 임자와 같다. 그는 일꾼들과 하루 한 데나리온으로 합의하고 그들을 자기 포도밭으로 보냈다"(마태 20,1-2).

여기서 "밭 임자"는 그리스도를, "그의 포도밭"은 "이스라엘 집안"(이사 5,7) 또는 "교회"를 상징하는 의미로 알아들을 수 있습니다.

"일꾼"으로 번역된 그리스어 원어는 "에르가테스"(ergates)로서, 이는 "추수할 일꾼", "기술자", "전달자" 등을 가리킵니다.

"한 데나리온"은 정확히 하루 일당이었고, 이는 노동자 한 식구가 하루 먹고 살 수 있는 임금이었습니다.

밭 임자는 아홉 시쯤, 그리고 열두 시와 오후 세 시쯤에도 또 장터로 갑니다.

"그가 또 아홉 시쯤에 나가 보니 다른 이들이 하는 일 없이 장터에 서 있었다. 그래서 그들에게, '당신들도 포도밭으로 가시오. 정당한 삯을 주겠소.' 하고 말하자, 그들이 갔다. 그는 다시 열두 시와 오후 세 시쯤에도 나가서 그와 같이 하였다"(마태 20,3-5).

이 비유에서 밭 임자는 이른 아침부터 해질 때까지 일꾼을 구하러 총 다섯 번 나갑니다.

그런데 여기 "아홉 시", "열두 시", "오후 세 시"에 부름 받은 일꾼들에게 포도밭 임자는, "이른 아침"에 고용한 일꾼들에게와는 달리 "정당한 삯"을 주겠다고 제시합니다. 곧 품삯에 대해 첫째 그룹하고만 정확한 액수에 합의한 것이었습니다.

한편, 오후 다섯 시쯤에 나갔을 때는 오고간 대화가 우리의 주의를 끕니다.

"당신들은 왜 온종일 하는 일 없이 여기 서 있소?"(마태 20,6)

"아무도 우리를 사지 않았기 때문입니다"(마태 20,7).

"당신들도 포도밭으로 가시오"(마태 20,7).

이 대화에는 이미 일용직 노동자들의 딱한 처지와 포도밭 주인의 호의가 암시되어 있습니다. 어차피 정상적인 계약관계가 아니라는 얘기입니다.

임금을 지불할 때가 되자 맨 나중에 온 이들부터 시작하여 모두 "한 데나리온씩" 받습니다(마태 20,8-9 참조).

이 거꾸로 된 순서에는 바로 이 비유의 교육적 의도가 숨어 있었습니다. 만일 오늘날과 같은 상황이었다면, 주인은 노사문제를 고려해 맨 먼저 온 사람들에게 지불하고 집에 보낸 다음, 나중 온 사람들에게 값을 치렀을 것입니다. 하지만 여기서 주인은 떳떳하게 순서를 거꾸로 하였습니다. 그리하여 먼저 온 사람들이 나중 온 사람들과 같은 임금을 받았다는 것을 목격하게 되는 것입니다.

결국 이 비유는 하늘 나라가 세상 이치와는 다르다는 것을 말해줍니다. 그분께는 먼저 선택된 유다 민족과 나중에 선택된 이방인들이 결코 차이가 없다는 것입니다.

불만이 터져 나올 것은 당연한 일이었습니다.

"맨 나중에 온 저자들은 한 시간만 일했는데도, 뙤약볕 아래에서 온종일 고생한 우리와 똑같이 대우하시는군요"(마태 20,12).

먼저 온 일꾼들은 "똑같은 대우"를 받은 것을 주인에게 불평합니다. 애초에 약속한 품삯이 깎인 것도 아닌데 다른 이들이 받은 축복을 시기하고 질투하기까지 한 것입니다. 맨 처음 주인의 마음에 들어 뽑혀 와서 "온종일 고생한" 그들의 노력이 결국은 악한 마음에 무너진 것입니다.

예수님의 결론 말씀은 은총의 본질을 역설적으로 드러내줍니다.

"나는 맨 나중에 온 이 사람에게도 당신에게처럼 품삯을 주고 싶소"(마태 20,14).

앞선 이들이나 맨 꼴찌들에게도 똑같은 축복을 주고자 하시는 마음. 이처럼 하느님의 사랑은 인간적인 셈과는 비교불가입니다.

예수님께서는 이 선하신 사랑의 독단에 대하여 마저 말씀하십니다.

"내 것을 가지고 내가 하고 싶은 대로 할 수 없다는 말이오? 아니면, 내가 후하다고 해서 시기하는 것이오?"(마태 20,15)

은총은 주님의 선하신 결정에 달린 것이며, 모두에게 넘치도록 후한 것이니, 남이 받은 은총을 시기함이야말로 어리석음의 극치라는 말씀입니다.

하느님 나라의 가치기준과 셈법은 세상의 그것과 다름을 일찌감치 깨닫고 놀라지 말 일인 것입니다.

"이처럼 꼴찌가 첫째 되고 첫째가 꼴찌 될 것이다"(마태 20,16).

예수님께서는 이미 이 말씀을 오늘 복음 바로 직전에 하신 바 있습니다(마태 19,30 참조). 다만 여기서는 어순이 바뀌었을 뿐입니다. 그런데 여기서의 말씀은 미래 시제를 사용함으로써 미래의 일을 말하고 있습니다. 이는 마지막 날, 곧 최후의 심판 때에 그들이 하느님 보시기에 "첫째"로 판명될 것임을 뜻합니다.

하지만 이 비유 말씀은 "첫째"들을 "꼴찌"들 사이로 끌어내리려는 것은 아닙니다. 오히려 죄인들을 향한 하느님의 특별한 은총을 드러내는 "평등성"을 강조하고 있는 것입니다.

이렇게 복음의 은혜를 더듬어 봤습니다. 그 가운데 더 머물고 싶어지는 말씀은 "꼴찌가 첫째 되고"(마태 20,16)입니다.

주님 앞에 꼴찌가 되지 않도록 세상에선 첫째의 자리를 사양하겠습니다.
주님 앞에 영광을 받기 위하여 세상에선 영광을 탐하지 않겠습니다.
꼴찌도 첫째도 모르고, 그저 생각 없이 사랑에만 골몰하겠습니다.

꼴찌를 위한
기도

큰 사람

 교회는 10월 1일을 "아기 예수의 성녀 데레사 동정 학자 대축일"로 지냅니다. 소화 데레사 성녀는 공식적으로 "선교의 수호자"로 선포된 인물이기도 합니다.

 성녀는 1873년에 태어나 예외적으로 15살 때 리지외에 있는 카르멜 수녀원에 입회하여 24세의 나이로 사망할 때까지 그곳에서 수도생활을 했습니다. 성녀는 하느님을 사랑하는 것만큼이나 다른 이들도 뜨겁게 사랑하여 모든 영혼을 구하려는 열정에 불타 있었습니다. 그래서 죄인들의 회개를 위하여, 사제들을 위하여, 특히 먼 지방에 가 있는 선교 사제들을 위하여 끊임없이 기도했습니다.

 1897년 선종한 성녀는 1923년 시복, 1925년 시성되었습니다. 사실, 소화 데레사 성녀는 세계 교회 역사상에 남을 대사업을 이룩한 것은 아니었습니다. 다만 하느님을 열애하는 마음에서 매일 매일의 자기 본분, 더구나 사소한 일까지 빈틈없이 충실히 지키며 자신을 바쳤다는 점에서 오늘을 사는 그리스도인에게 가장 매력적인 모범이 되고 있다고 할 수 있습니다.

오늘 복음 말씀은 짧지만 소화 데레사의 영성과 합치되는 가르침을 전합니다. 가르침은 제자들의 물음에서 시작됩니다.

"하늘 나라에서는 누가 가장 큰 사람입니까?"(마태 18,1)

이 물음의 계기가 된 것은 바로 앞에서 예수님께로부터 들은 성전 세 면제특권에 대한 발언(마태 17,24-27 참조)이었습니다. 예수님께서는 성전 세 문제에서 자신을 비롯한 제자들 모두가 하느님의 아들들로서 성전 세를 납부해야 할 의무가 없음을 강조하셨습니다. 이러한 예수님의 가르침을 들은 제자들은 성전 세조차 납부할 필요가 없는 자신들이 하늘 나라에서 차지할 위치와 큰 사람에 대해서 의문을 갖게 되었습니다.

그러니까 이 물음에는 은근히 어떻게든 자신들을 향한 높은 지위의 약속이 주어지기를 바라는 기대가 숨겨져 있었던 셈입니다. 생사고락을 같이하며 오직 주님을 위하여 충성하겠다고 다짐했던 제자들이었지만 명예와 권력 앞에서는 나약한 존재일 수밖에 없었습니다. 어찌하든지 예수님께서 왕이 되시기만 하면 장관 자리 하나쯤은 따 놓은 당상이라고 미래를 상상하며 착각의 늪에 빠져들고 있었던 것입니다.

하지만 예수님께서는 그들의 기대와는 정반대의 말씀을 주십니다.

"너희가 회개하여 어린이처럼 되지 않으면, 결코 하늘 나라에 들어가지 못한다"(마태 18,3).

이 말씀에 앞서 예수님께서는 살아 있는 비유로 그 무리의 한 가운데에 어린이 하나를 세워 놓으십니다(마태 18,2 참조). 그 어린이는 하늘 나라에서 "가장 큰 사람"의 모델입니다.

여기서 "회개하여"라고 번역된 단어는 그리스어 "스트라페테"(straphete)로서, "반대 방향으로 가기 위해서 방향을 돌리다"라는 의미를 가지고 있습니다.

일반적으로 "회개하다"에 쓰이는 그리스어 "메타노에오"(metanoeo)는 생각을 바꾸는 것을 의미합니다. 그런데 여기서는 "스트라페테"가 사용되었습니다.

그러니까 오늘 복음에서 "회개하여"는 생각을 바꾸는 정도가 아니고 가던 방향, 가던 길, 가던 목적을 바꾼다는 의미입니다. 바로 앞 대목에서 제자들은 "누가 높은 사람이냐"라는 문제에 골몰하며 명예, 권력, 칭송을 구했습니다. 예수님의 의중은 바로 이런 것으로부터 겸손, 섬김, 은덕으로 돌아서라는 말입니다. "저 높은 곳을 향하여" 움직이던 발걸음을 "저 낮은 곳을 향하여"로 돌이키라는 경종이었던 것입니다. 그리고 사실 이것은 예수님께서 하느님이셨지만 사람이 되신 목적이셨던 것입니다.

갑자기 어린이에로 화제를 돌리신 예수님의 말씀에 제자들은 당황했을 것입니다. 예수님께서는 친절히 풀어 말씀해주십니다.

"누구든지 이 어린이처럼 자신을 낮추는 이가 하늘 나라에서 가장 큰 사람이다"(마태 18,4).

여기서 "어린이처럼 자신을 낮추는 이"는 하느님 앞에 선 인간의 겸손과 의탁을 가리킵니다. 이것들은 하늘 나라에 들어가는 열쇠일 뿐만 아니라 하늘 나라에 들어가 큰 사람이 되는 비결이기도 합니다.

어린 아이들은 그들의 미숙함을 부모와 스승, 선배의 도움으로 성숙으로 바꿔 나갑니다. 찰나적이고 단순하지만 그들에게는 순수함이 있습니다. 잘못을 인정하며 쉽게 개혁합니다. 하늘 나라는 신앙의 자만이나 교만을 원하지 않기에 더욱 이러한 어린 아이와 같아져야 하는 것입니다.

이제 말씀은 권고로 마무리됩니다.

"누구든지 이런 어린이 하나를 내 이름으로 받아들이면 나를 받아들이는 것이다"(마태 18,5).

이 말씀은 이중적인 의미를 지닙니다.

우선, "어린이 하나"를 수용하여 긍정적으로 받아들인다는 것을 뜻합니다. 곧 어린이가 지닌 겸손, 의탁, 그리고 순수함 등을 지닌 사람을 존중하고 그런 사람이 되려고 노력을 하라는 것입니다. 그것이 바로 예수님께서 원하시는 바이기 때문입니다. 그러기에 "내 이름으로"라는 말이 붙여졌다고 볼 수 있습니다.

다음으로, 이 말씀의 "어린이 하나"는 마태오 복음 25장 31절 이하 최후의 심판 장면에서 "가장 작은 이들 가운데 하나"와 뜻을 같이 하기도 합니다. 즉 미소하고 연약한 자를 가리키는 것입니다. 바로 그런 의미에서 그들을 받아들이고 돌보아주면 그것을 마치 당신에게 해준 것으로 여겨주겠다는 약속을 하신 것이라고 볼 수 있습니다.

어떤 의미로 알아듣건 공통된 것은 미소한 자를 높이 여기는 가치관입니다. 예수님께서는 끝내 제자들의 "높은 이" 타령에 경고를 보내고 계시다 할 것입니다.

이렇게 복음의 은혜를 더듬어 보았습니다. 더 머물고 싶어지는 말씀은 "가장 큰 사람"^(마태 18,1.4)입니다.

> "저는 몰라요, 가르쳐주세요"
> 라고 하느님 앞에 청하는 사람,
> 이 사람이 큰 사람이다.

"제가 힘들어요, 도와주세요"
라고 하느님 앞에 우는 사람,
이 사람이 큰 사람이다.

"저는 어려요, 안아주세요"
라고 하느님 앞에 고백하는 사람,
이 사람이 큰 사람이다.

큰 사람

세리와 창녀들

오늘 복음은 "두 아들의 비유"를 전합니다. 두 아들의 비유 말씀은 예루살렘에 입성하신 예수님과 유다인 지도자들의 논쟁에서 아주 중요한 역할을 하는 말씀입니다.

예수님께서는 대사제들과 원로들 등, 유다인 지도자들을 겨냥하여 비유 말씀을 시작하십니다.

"너희는 어떻게 생각하느냐?"(마태 21,28)

일단 이 질문으로 예수님께서는 청중을 생각과 성찰로 초대하십니다. 이 질문에는 주의를 환기시키는 교육심리학적 의도도 깔려 있습니다.

이렇게 이야기 마당이 깔리고 예수님의 비유 말씀은 본격적으로 시작됩니다.

"어떤 사람에게 아들이 둘 있었는데, 맏아들에게 가서 '애야,

너 오늘 포도밭에 가서 일하여라.' 하고 일렀다"(마태 21,28).

원문에는 형이나 동생이라는 말을 하지 않고 첫째와 둘째로 되어 있는데, 이는 불린 순서를 말하기도 하고 자연서열에서의 순서를 말하기도 합니다. 그래서 일부 수사본에서는 두 아들이 바뀌어 나오기도 합니다.

아버지는 아들에게 "얘야"라고 다정하게 부르면서 "오늘" 포도원에 가서 일하라고 이릅니다. "오늘"은 일의 긴박성을 나타냅니다. 아들이 무슨 계획이 있든지 그것을 버리고 아버지 명령을 따라야 함을 암시하고 있습니다.

그 아들은 "싫습니다" 하고 대답했지만 곧 뉘우치고는 가서 일을 했습니다. 이 아들은 문맥상 세리나 죄인들을 가리킵니다. 그들이 생각을 바꾸었다는 것은 세례자 요한의 권고를 받아들였음을 전제합니다. 그들은 이제껏 하느님 말씀을 외면하면서 살았지만 요한의 권면을 따라 예수님의 하느님 나라 선포를 경청하고 회개한 것입니다.

아버지는 또 다른 아들에게 가서 같은 말을 하지만, 그는 상반된 반응을 보입니다.

"그는 '가겠습니다, 아버지!' 하고 대답하였지만 가지는 않았다"(마태 21,30).

여기서 "아버지!"로 번역된 그리스어를 직역하면 "주인님!"입니다. 이는 그리스어에서 매우 공손한 대답으로, 자신을 낮추어 아버지를 그렇게 칭하고 있음을 보여줍니다.

대답은 이렇게 자신을 낮추며 흔쾌히 했지만, 두 번째 아들은 행동으로는 딴짓을 했습니다.

이는 유다인들의 영적 상태 및 하느님과의 관계를 단적으로 묘사해줍니다. 여기서 "다른 아들"이 바로 하느님의 선민을 자처하던 유다인들을 가리키기 때문입니다. 이들은 율법을 입으로 부르짖으면서 하느님께서 보낸 세례자 요한이 올바른 길을 가르칠 때 그 말을 듣지 않았고, 하느님의 아들이 와서 복음을 전하고 있는데도 이를 강퍅한 마음으로 거부하고 배척했습니다.

예수님께서는 비유 말씀을 질문으로 마무리 지으십니다.

"이 둘 가운데 누가 아버지의 뜻을 실천하였느냐?"(마태 21,31)

이 질문을 통해 우리는 예수님의 대화법을 배우게 됩니다. 예수님은 당신을 향한 도발적인 질문에 매여 자신의 입장을 강변하지 않으셨습니다. 굳이 방어하지 않으셨습니다. 설득하려고도 하지 않으셨습니다. 어떤 관점을 강요하지도 않으셨습니다. 대신에 상대방이 자신의 처지를 분명하게 보고 스스로 판단하도록 유도하셨습니다.

예수님의 질문에, 그분께 먼저 도전적인 질문을 건넸던 유다 지도자들은 "맏아들입니다"(마태 21,31)라며 자신들에게 불리한 자백을 하게 됩니다.

이로써 자신들의 입으로 자신들 행위가 잘못된 것이며 자신들이 그렇게도 죄인 취급을 하던 세리와 창녀들을 인정하는 발언을 하게 된 것입니다.

예수님께서는 저들이 스스로 내린 판단에 결론만 덧붙이십니다.

"내가 진실로 너희에게 말한다. 세리와 창녀들이 너희보다 먼저 하느님의 나라에 들어간다"(마태 21,31).

예수님의 이 말씀은 유다 지도자들의 교만에 대한 강력한 일침입니다. 그들이 자신들의 입으로 동의하였기에 더 이상 해설도 필요 없게 되었습니다.

이제 예수님께서는 그들과의 논쟁에 종지부를 찍는 발언을 하십니다.

"사실 요한이 너희에게 와서 의로운 길을 가르칠 때, 너희는 그를 믿지 않았지만 세리와 창녀들은 그를 믿었다. 너희는 그것을 보고도 생각을 바꾸지 않고 끝내 그를 믿지 않았다"(마태 21,32).

세례자 요한은 "의로운 길"을 보여주었습니다. 그는 의로운 자로 살았고, 의롭게 되기 위해 해야 할 일이 무엇인지, 즉 하느님께서 인간들에게 기대하는 바에 부합하는 것이 무엇인지 가르쳤습니다.

중요한 것은 세례자 요한을 받아들이는 것이 예수님을 받아들인 것이며 요한을 거부한 것이 예수님을 거부한 것이라는 사실입니다. 왜냐하면 세례자 요한의 메시지는 예수님 오심을 준비하기 위한 메시지였기 때문입니다.

여기서 예수님께서는 정면으로 수석 사제들과 원로들의 강퍅한 마음을 지적하셨습니다. 이들은 세례자 요한을 몰라서 그의 말을 듣지 않은 것이 아니라 알고도 거부했습니다. 그것이 바로 교만이요 불순명입니다. 이들이 세례자 요한을 모를 까닭이 없습니다. 하지만 세례자 요한을 인정하게 되면 자신들의 세속적인 권력과 인기와 명예를 다 빼앗기기 때문에 의도적으로 기피한 것입니다.

이렇게 복음의 은혜를 더듬어 보았습니다. 그 가운데 더 머무르고 싶어지는 말씀은 "세리와 창녀들은 그를 믿었다"(마태 21,32)입니다.

머리와 입술이 빠른 이들은, 마음이 늦었다.
고위 사제들과 원로들,
그들은 구원의 말씀을 걷어찼다.
영이 완악했기 때문이다.

머리와 입술이 둔한 이들은, 마음이 빨랐다.
세리와 창녀들,
그들은 구원의 말씀을 믿었다.
영이 순진했기 때문이다.

세리와
창녀들

소출을 내는 민족

전례력의 날짜가 한 해의 마감에 가까워질수록 예수님의 가르침은 "결산"으로 집중됩니다. 이 결산은 예수님의 구원행위에 대한 여러 계층의 반응과도 관련됩니다.

오늘 복음 말씀은 이런 결산의 일환으로 "포도밭 소작인의 비유"를 들려줍니다.

시작은 이러합니다.

"어떤 밭 임자가 '포도밭을 일구어 울타리를 둘러치고 포도 확을 파고 탑을 세웠다.' 그리고 소작인들에게 내주고 멀리 떠났다"(마태 21,33).

이 이야기를 하느님의 구세사적 섭리 속에서 이해한다면, "밭 임자"는 당연히 하느님이십니다. 그리고 "포도밭"은 크게는 이스라엘, 작게는 예루살렘이라고 볼 수 있습니다.

포도밭을 마련한 주인은 여기에 "울타리", 포도즙을 짜는 "확", 그리고 "탑" 등 필요한 것들을 장치했습니다. 이들은 각각 율법, 예루살렘 성전, 예루살렘 성곽을 상징합니다. 이렇게 주인은 타관으로 떠나기 전 농부들이 해야 할 실질적인 일들을 모두 해놓은 다음, 포도원을 소작인들에게 도지로 "내주었"습니다.

"멀리 떠났다"라는 말은 구세사의 장구한 세월의 흐름을 뜻합니다.

추수 때가 되자 주인은 종들을 차례로 보내어 소출을 받아 오도록 합니다. 하지만 돌아온 것은 배은망덕한 행패였습니다.

"그런데 소작인들은 그들을 붙잡아 하나는 매질하고 하나는 죽이고 하나는 돌을 던져 죽이기까지 하였다. 주인이 다시 처음보다 더 많은 종을 보냈지만, 소작인들은 그들에게도 같은 짓을 하였다"(마태 21,35-36).

여기서 "종들"은 "예언자들"을 가리킵니다. 하느님께서는 당신의 종들인 예언자들을 파견하셨지만, 첫 번째 파견과 두 번째 파견에서 어떤 사람은 학대를 받았고 어떤 사람은 살해되었습니다.

이에 주인은 특단의 조치를 취합니다.

"주인은 마침내 '내 아들이야 존중해 주겠지.' 하며 그들에게 아들을 보냈다"(마태 21,37).

여기서 "내 아들"은 이전에 보냈던 모든 사람들과 근본적으로 구분이 됩니다. 그들은 모두 종에 불과했으나 이번에 파견하는 이는 주인의 "아들"이기 때문입니다. 그리고 아들은 비유적으로 예수 그리스도를 가리킵니다. 하지만 결과는 더욱 패악스러운 것이었습니다.

"그러나 소작인들은 아들을 보자, '저자가 상속자다. 자, 저자를 죽여 버리고 우리가 그의 상속 재산을 차지하자.' 하고 저희끼리 말하면서, 그를 붙잡아 포도밭 밖으로 던져 죽여 버렸다"(마태 21,38-39).

집주인의 생각과는 달리 소작인들의 악의는 절정에 달했습니다. 소출을 물기 싫은 정도가 아니라 포도밭 자체를 집어삼키려는 나쁜 마음을 가지고 있었던 것입니다. 소작인들이 주인의 아들을 포도밭 밖으로 던져 죽인다는 이야기를 통해서, 예수님께서 예루살렘 성 밖으로 끌려가 십자가형을 받으실 사건을 역력히 내다보고 계심을 알 수 있습니다.

애기가 이쯤에 이르니, "주인" 곧 하느님은 다른 파격적인 방도를 선택할 수밖에 없습니다. 사실 이에 대하여 예수님께서는 직설적으로 언급하실 수 있습니다. 하지만, 예수님께서는 이 선택이 강요가 아니라, 반대자들도 공감할 수 있는 최선책임을 각인시켜주시기 위하여, 질문을 던지십니다.

"그러니 포도밭 주인이 와서 그 소작인들을 어떻게 하겠느냐?"(마태 21,40)

대답은 지극히 상식적인 것입니다.

"그렇게 악한 자들은 가차 없이 없애 버리고, 제때에 소출을 바치는 다른 소작인들에게 포도밭을 내줄 것입니다"(마태 21,40-41).

반대자들은 이렇게 스스로 결론을 내렸습니다.

여기에는 주인을 거역한 악한 자들에게 닥칠 미래가 예언되어 있습니다. 주인은 아들마저 죽임을 당하는 것을 보고는 인내심의 한계를 드러냅니다. 그리하여 "포도밭 주인"은 그 범죄자들을 죽이고, "다른 소작인들" 곧 "제때에 소출을 바치는" 사람들에게 포도밭을 주실 것입니다.

이제 화제는 예수님 자신에게로 돌려집니다. 예수님께서는 시편 118편 22-23절을 인용하시며 반대자들을 근본적인 성찰에로 초대하십니다.

"너희는 성경에서 이 말씀을 읽어 본 적이 없느냐? '집 짓는 이들이 내버린 돌 그 돌이 모퉁이의 머릿돌이 되었네. 이는 주님께서 이루신 일 우리 눈에 놀랍기만 하네'"(마태 21,42).

여기서 "집 짓는 이들"은 유다의 종교 지도자들, 곧 대제사장과 바리사이들을 상징합니다. "머릿돌"은 미구에 그들이 죽여서 버릴 예수 그리스도를 뜻합니다.

사도 베드로도 주님을 "살아 있는 돌", "하느님께는 선택된 값진 돌"(1베드 2,4)이라고 말했습니다.

사도 바오로는 모퉁잇돌이라는 표현을 빌려 다음과 같이 말했습니다.

"여러분은 사도들과 예언자들의 기초 위에 세워진 건물이고, 그리스도 예수님께서는 바로 모퉁잇돌이십니다. 그리스도 안에서 전체가 잘 결합된 이 건물이 주님 안에서 거룩한 성전으로 자라납니다. 여러분도 그리스도 안에서 성령을 통하여 하느님의 거처로 함께 지어지고 있습니다"(에페 2,20-22).

반대자들로부터 자신들의 입술로 자신들 미래에 닥칠 파국을 선언하게 하신 예수님께서는 이제, 그들의 진술을 토대로, 거듭하여 하느님의 놀라운 계획을 선포하십니다.

"그러므로 내가 너희에게 말한다. 하느님께서는 너희에게서 하느님의 나라를 빼앗아, 그 소출을 내는 민족에게 주실 것이다"(마태 21,43).

여기서 "민족"을 뜻하는 그리스어 "에드노스"(ethnos)는 이 세계의 모든 나라, 모든 백성을 지칭하는 것이 아니라, 그리스도를 믿는 사람들을 가리킵니다. 곧 창녀들과 세리들의 무리는 물론 장차 예수님을 믿게 될 이방인들을 가리킵니다.

마르코와 루카 복음에는 없는 이 구절이, 바로 오늘 마태오 복음에서 가장 중요한 말씀입니다. 마태오 복음서 저자가 비유를 통해 말하고자 하는 것이 분명하게 나타나기 때문입니다.

포도밭은 하느님의 소유입니다. 그런데 이 소유권을 처음 선택한 유다 백성으로부터 빼앗아 소출을 내는 새로운 백성, 교회에 넘기고 있습니다.

이렇게 복음의 은혜를 더듬어 보았습니다. 그 가운데 더 머물고 싶어지는 말씀은 "소출을 내는 민족에게 주실 것이다"(마태 21,43)입니다.

소출을 잘 내지 않으면, 가차 없이 교체다.
하느님의 정의 앞에
붙박이는 없다.
영원한 특권도 없다.

하느님의 정의는
이리저리 분주하게 두리번거린다.
수시로 양심 바지런한 민족 물색한다.
소출을 잘 낼 성싶으면, 지체 없이 스카우트다.

소출을 내는 민족

초대받은 자들

오늘 복음 말씀 역시 전례력 말미에서 한 해의 신앙을 결산하는 데 영감을 주는, "혼인 잔치의 비유"를 전하고 있습니다. 이 비유는 루카 복음에서도 찾아볼 수 있지만 오늘 마태오 복음이 훨씬 구체적이고 예리하게 기술합니다. 루카 복음에는 어떤 사람이 잔치를 베풀어 사람들을 초대했지만, 마태오 복음에서는 임금이 아들의 혼인 잔치를 베풀고 있습니다.

예수님의 육성을 따라 속뜻을 헤아려보자면, 이야기는 이렇게 시작됩니다.

"하늘 나라는 자기 아들의 혼인 잔치를 베푼 어떤 임금에게 비길 수 있다"(마태 22,2).

여기서 "혼인 잔치"로 번역된 그리스어는 "가무스"(gamous)로 이 단어는 "결혼"을 뜻하는 "가모스"(gamos)의 복수입니다. 이는 팔레스티나 지역에서 혼인 잔치가 일주일 정도 지속되기 때문에 복수형을 사용한 것으로 보입니다.

비유에서 "임금"은 하느님을, "아들"은 예수 그리스도를 상징합니다. 예수님이 "신랑"으로 그려지고 있는 것입니다.

이제 이 비유의 관심은 혼인을 하는 왕자가 아니라, "초대받은 자들의 불응"에로 모아집니다.

"그는 종들을 보내어 혼인 잔치에 초대받은 이들을 불러오게 하였다. 그러나 그들은 오려고 하지 않았다"(마태 22,3).

여기서 "종들"은 포도원 소작인들의 비유에서처럼, 일차적으로는 구약의 예언자들을 가리킵니다. 그러나 "모든 것이 준비된"(마태 22,4 참조) 혼인 잔치를 생각해볼 때, 이 문맥에서는 종들이 예언자들의 범주를 넘어서고 있습니다. 오히려 이 비유의 종들은 예수님에 의해 유다인들에게 파견된 선교사들을 가리키는 분위기가 강합니다. 곧 이 종들은 하느님의 일을 전수하여 일하는 구약 시대의 예언자들과 초대교회에서 복음을 전하는 선교사들을 가리킨다고 볼 수 있습니다.

"초대받은 이들"은 예수님께서 구원활동을 펼치시면서 일차적으로 공을 들인 "유다인들"을 가리킵니다. 그러나 그들은 정작 구세주를 거부함으로써 오려고 하지 않았습니다.

"초대받은 이들"을 뜻하는 "케클레메누스"(keklemenous)는 이미 완료된 동작을 가리키는 것으로 그들이 이전에 초청을 받았음을 뜻합니다. 이는 당시 문화권에서 공식적으로 초청장을 보내고 다시 초대한 절차를 반영한 진술입니다. 결국, 이 잔치 초청은 하느님께서 다양한 방법으로 이스라엘 백성을 부르신 것을 표현합니다.

그런데 초대를 받은 이들은 잔치에 오려 하지 않았습니다. 이 말은 유다의 지도자들이 예수님을 하느님의 아들로 인정하기를 완강하게 거부하는 모습을 나타내고 있습니다.

하지만 임금은 포기하지 않고 최대한의 성의를 다하며 "모든 잔치 준비가 마쳐졌음"을 알리고 다시 초대하도록 합니다. 결과는 역시 퇴짜입니다.

"그러나 그들은 아랑곳하지 않고, 어떤 자는 밭으로 가고 어떤 자는 장사하러 갔다. 그리고 나머지 사람들은 종들을 붙잡아 때리고 죽였다"(마태 22,5-6).

초대를 거절한 사람들의 거절 이유는 "밭일", "장사" 등 때문이었습니다. 이 핑계들은 모두 세속 생활에 관한 것들로, 물질의 소유나 세상사에 집착하는 것은 하늘 나라에 들어가기에 적합하지 않다는 것을 말해줍니다. 오늘 우리의 일상에서도 "밭"일을 해야 할 사정은 얼마든지 생깁니다. 오늘 우리의 생업에서도 "장사"의 용무는 숱하게 발생합니다.

마태오 복음은 초청거부 핑계에 덧붙여서 "종들을 학대하고 살해했다"는 말을 첨가하고 있습니다. 얼핏 생각하기에는 억지스러운 말 같지만 이런 일이 실제로 일어났습니다. 예언자와 예수님이 이로 인해 죽임을 당했습니다. 수많은 그리스도인들이 "기쁜 소식"을 전했다는 이유로 순교하였습니다.

임금이 진노할 것은 당연한 일이었습니다. 그래서 고을을 폐허화 하는 한편, 거리에서 아무나 초대하도록 종들을 보냅니다.

"혼인 잔치는 준비되었는데 초대받은 자들은 마땅하지 않구나. 그러니 고을 어귀로 가서 아무나 만나는 대로 잔치에 불러 오너라"(마태 22,8-9).

초대를 거절한 이들에 대한 징벌이 끝난 이후에도 잔치는 계속됩니다.

이제 종들은 새로운 손님들을 부르러 파견됩니다. 잔치는 어떻든 많은 사람들로 가득 차야만 영광스러워집니다. 유다인들이건 이방인들이건 악한 자들이건 선한 자들이건 모두 교회로 모아들이도록 명하십니다. 이렇게 해서 부르심이 이스라엘을 떠나 이방인에게 향하게 됩니다. 여기서 그리스도의 죽음과 부활, 성령의 강림으로 주어진 이방인 선교 시작의 모습을 엿볼 수 있습니다(마태 28,19 참조).

"만나는 대로 잔치에 불러 오너라"라는 명령은 분명히 새로운 사상입니다. 이 분부는 복음서 마지막에 예수님께서 제자들에게

"너희는 온 세상에 가서 이 복음을 전하고 세례를 주라"(마태 28,19; 사도 1,8 참조)는 분부의 전주곡이라고 할 수 있습니다.

이렇게 짧은 복음을 따라 은혜를 더듬어 봤습니다. 그 가운데 더 머물고 싶어지는 말씀은 "초대받은 자들"(마태 22,8)입니다.

> 잔치에 가네.
> 얼마나 복된 축제인가.
> 사랑이 사랑을 만나고,
> 온갖 산해진미 상 차려지고,
> 노랫가락 흥겨운,
> 하느님 잔치.
>
> 잔치에 가네.
> 얼마나 복된 축제인가.
> 낮은 이 높은 이 초대받고,
> 가난한 이 모셔지고,
> 남녀노소 정겨운,
> 하느님 잔치.

초대받은 자들

[주님 승천 대축일 복음 묵상 참조]

달려 있다

오늘 복음에서는 10계명 가운데 가장 큰 계명에 관한 것으로, 예수님께서 사두가이들과 부활에 관한 논쟁을 하신 다음에 이어지는 대목입니다.

오늘 복음 앞 대목에 나온 내용은, 부활을 부정하기 위하여 사두가이들이 예수님께 질문한 일곱 형제와 결혼한 부인의 이야기입니다. 예수님께서는 그들의 주장을 "너희가 성경도 모르고 하느님의 능력도 모르니까 그렇게 잘못 생각하는 것이다"(마태 22,29)라는 말씀과 함께 성경을 들어 그들의 말문을 막아버리셨습니다.

이 이야기를 전해들은 바리사이들은 중지를 모은 끝에, 예수님을 "시험하려고"(마태 22,35) 한 율법 교사를 보내 율법에서 가장 큰 계명이 무엇인지 묻게 합니다.

"스승님, 율법에서 가장 큰 계명은 무엇입니까?"(마태 22,36)

이렇게 질문한 것은 예수님께서 잘못 대답하시면 트집을 잡을 심산에서였습니다. 당시에 율법은 이스라엘 민족의 정체성을 뜻하는 것이었기에 율법을 연구하는 것은 위대한 일이었습니다. 그래서 율법 학자들은 613가지 율법 조항들을 통합해주는 하나의 원리가 무엇인지를 찾으려고 애썼습니다. 그 골자가 10계명이라고는 알고 있었지만, 이를 어떻게 압축해야 할지에 대해서는 견해가 분분했던 것입니다.

하지만 말씀 자체이신 예수님께서 지혜가 궁하실 리 없었습니다. 대답은 명료했습니다.

"'네 마음을 다하고 네 목숨을 다하고 네 정신을 다하여 주 너의 하느님을 사랑해야 한다.' 이것이 가장 크고 첫째가는 계명이다"(마태 22,37-38).

첫째가는 계명으로 예수님께서는 신명기 6장 5절 말씀을 인용하십니다.

모든 유다인들은 매일 아침과 저녁에 그들의 말로 "셰마 이스라엘"(신명 6,4-5 참조), 곧 "이스라엘아 들어라"를 두 번 낭송해야 했는데, 오늘 예수님께서 인용하시는 성경 말씀이 바로 그것입니다.

여기서 "마음"은 히브리어로 "레브"(lebab)라 하는데 이는 "감성을 다하라"는 말입니다.

"목숨"은 히브리어로 "네페쉬"(nephesh)라고 하는데 이는 "영혼을 다하라"는 말입니다. 그런데 영혼의 핵심적인 기능은 "의지"입니다. 곧 모든 능력을 다해서 사랑하라는 말입니다.

"정신"은 곧 "힘"을 뜻하며 히브리어로 "메호데"(mehode)라고 하는데 이는 "생각을 다하라"는 말입니다. 곧 모든 지혜를 모아서 사랑하라는 말입니다.

결국, 정서와 의지와 지성을 모아서 하느님을 사랑하라는 말로 종합할 수 있습니다. 하느님을 사랑하는 일은 전적으로 투신해야만 하는 일입니다. 이는 인간을 이루고 있는 가장 심층적이고 내면적인 영혼의 응답을 필요로 합니다. 하느님 쪽에서도 당신의 전부를 내놓고 계시기 때문입니다.

예수님께서는 첫 번째에 이어 두 번째로 중요한 계명도 꼽아주십니다.

"둘째도 이와 같다. '네 이웃을 너 자신처럼 사랑해야 한다.'는 것이다"(마태 22,39).

이는 "너희는 동포에게 앙갚음하거나 앙심을 품어서는 안 된다. 네 이웃을 너 자신처럼 사랑해야 한다. 나는 주님이다"라는 레위기 18장 18절 말씀의 간략한 인용입니다. 이 사랑의 계명은 사실 10계명 목록에는 명시적으로 끼어 있지는 않았습니다. 하지만 동포애가 남다른 유다인에게 이 계명은 실질적으로 중요한 것이었습니다.

참고로, 본디 여기서 말하는 "이웃"에 유다인들은 동포들만 포함시키면서, 사마리아인들과 이방인들은 제외시켰습니다. 유다인들은 이웃이 아닌 자들을 미워해도 무방하다고 여겼습니다(마태 5,43 참조).

그러나 예수님께서는 사마리아인들과 유다인들의 적대 관계를 허물고 원수도 이웃에 포함시키셨습니다(마태 5,44 참조). 어쩌면 바로 이 사실이 바리사이들로 하여금 예수님의 율법에 대한 생각을 알고 싶어 하게 한 이유였을지도 모릅니다.

그런데 예수님께서 이렇게 명료하게 두 가지로 요약해주시니, 듣는 이들은 모두 고개를 끄덕였을 법합니다.

이제 예수님께서는 권위 있게 결론지으십니다.

"온 율법과 예언서의 정신이 이 두 계명에 달려 있다"(마태 22,40).

이 말씀은 율법 학자들이 마음속에 품고 있는 불만을 일소시키는 가르침이었습니다. 곧 하느님 사랑이 "상3계"의 핵심정신이요, 이웃 사랑이 "하7계"의 핵심정신이라는 것입니다. 그러므로 10계명, 나아가 613개 조항은 사랑의 2중 계명으로 인해 무시되는 것이 아니라 오히려 더 잘 구현되게 되어 있습니다.

예수님의 이러한 말씀은 613개 조항의 율법 규정과 10계명의 숫자에 부담감을 느끼고 있던 당시 사람들을 홀가분하게 하는 선언이었습니다.

이렇게 복음의 은혜를 더듬어 보았습니다. 그 가운데 더 머물고 싶어지는 말씀은 "이 두 계명에 달려 있다"(마태 22,40)입니다.

지혜는 많은 갈래가 달려 있는 줄기를 본다.
지혜는 여럿을 하나로 모은다.

주님의 지혜는 613개 율법 조항에서 10개의 계명 줄기를,
10계명에서 두 계명 줄기를 보았다.
주님의 지혜는 10계명 중 상3계를 "하느님 사랑"으로,
하7계를 "이웃 사랑"으로 모았다.

이윽고 주님의 지혜는 이 두 계명이 달려 있는
하나의 줄기를 보았다.
"너희가 내 형제들인 이 가장 작은 이들 가운데
한 사람에게 해 준 것이 바로 나에게 해 준 것이다"(마태
25,40).

달려있다

낮추는 이

이제 전례력은 막바지로 치닫고 있습니다. 이와 더불어 마태오 복음을 따른 연중 주일 복음 말씀도 예수님 공생활의 마무리 국면에서 전개된 이야기를 전해줍니다.

지난주 복음에서 예수님께서는 당신을 시험하고자 율법의 골자를 묻는 바리사이 율법 학자에게 명쾌한 답변을 주셨음을 확인했습니다. 그러심으로써, 사실상, 그들이 제기하는 율법 논쟁에서 완벽하게 방어를 하신 셈입니다.

그에 이어지는 오늘의 복음은 율법 학자와 바리사이들의 행태에 대한 예수님의 지적을 내용으로 하고 있습니다.

청중은 "군중과 제자들"입니다.

"그때에 예수님께서 군중과 제자들에게 말씀하셨다"(마태 23,1).

여기서 "군중"은 주로 예수님의 말씀에 마음이 끌려 자발적으로 찾아온 이들이었는데, 그들 가운데에는 바리사이파 율법 학자들에 의해 선동된 자들도 일부 끼어 있었습니다.

"제자들"은 단지 12제자만을 의미하지 않고, 넓은 의미로 예수님을 추종하는 이들을 가리킵니다.

일단 예수님께서는 율법 학자와 바리사이들이 누리는 공적 지위를 인정해주십니다.

"율법 학자들과 바리사이들은 모세의 자리에 앉아 있다. 그러니 그들이 너희에게 말하는 것은 다 실행하고 지켜라"(마태 23,2-3).

여기서 "모세의 자리"는 종교 모임에서 마련된 상석 곧 권위의 좌를 가리키며, 내용적으로는 "백성의 지도자"를 뜻합니다.

"율법 학자"들은 바빌론 유배 이후 긴 세월을 거치며 율법 교육과 해석에 대해 권위를 지니게 되면서 "모세의 자리"를 대신했던 것이 사실입니다. 율법 학자들은 회당 안에 놓인 모세의 화려한 걸상에 앉아 그의 권위를 빌려 율법을 해설했습니다.

반면에 "바리사이들"은 백성들로부터 존경은 받았지만 "모세의 자리"에 앉지는 못했습니다. 그러나 마태오 복음 저자가 말하는 율법 학자들은 바리사이 출신이었습니다. 그러니까 이들이 "모세의 자리"에 앉은 것은 바리사이로서가 아니라 율법 학자로서 그랬다고 볼 수 있습니다.

예수님께서는 "모세의 자리"를 인정하셨습니다. 그러기에 그 자리에 앉은 율법 학자들의 교도권을 근본적으로는 긍정적으로 평가하셨습니다.

하지만, 예수님께서는 그들의 한계도 또렷이 보고 계셨습니다.

"그러나 그들의 행실은 따라 하지 마라. 그들은 말만 하고 실행하지는 않는다"(마태 23,3).

예수님께서는 다만 그들 가운데 몇몇의 탈선을 지적하고 있는 것입니다. 그들이 "말하는 것"(가르침)과 그들이 "행동하는 것" 사이의 불일치는 자칫하면 예수님의 제자들에게 부정적인 모방심리를 자극할 수 있기 때문이었습니다.

내친김에 예수님께서는 제자들을 똑바로 깨우치실 요량으로 율법 학자들과 바리사이들의 핵심적인 문제점을 폭로하십니다.

"또 그들은 무겁고 힘겨운 짐을 묶어 다른 사람들 어깨에 올려놓고, 자기들은 그것을 나르는 일에 손가락 하나 까딱하려고 하지 않는다"(마태 23,4).

율법의 권위를 강조하다보면, 그것을 과도하게 적용하거나 지나치게 의무적으로 강박할 수 있음을 우리는 쉽게 짐작할 수 있습니다. 문제는 그들이 그렇게 사람들의 "어깨"에 "짐"을 잔뜩 지워놓고, 정작 자신들은 "손가락" 하나 까딱하려고 하지 않은 데 있습니다.

이 말씀으로 예수님께서는 저런 행태가 얼마나 모순인지 "어깨"와 "손가락"의 대조로 풍자적으로 밝히신 셈입니다.

이윽고 그들에 대한 예수님의 비판은 점점 고조되어 예리함을 더해갑니다.

"그들이 하는 일이란 모두 다른 사람들에게 보이기 위한 것이다. 그래서 성구갑을 넓게 만들고 옷자락 술을 길게 늘인다. 잔칫집에서는 윗자리를, 회당에서는 높은 자리를 좋아하고, 장터에서 인사받기를, 사람들에게 스승이라고 불리기를 좋아한다"(마태 23,5-7).

사람들에게 보이기 위한 위선은 굳이 예수님께서 지적하지 않아도 큰 잘못입니다.

"성구갑"은 히브리어로 "테필린"(tefillin) 곧 "차는 경문"이라 하여, 율법의 핵심이 되는 말씀(탈출 13,1-10; 13,11-16; 신명 6,4-9; 11,13-21)을 적은 양피지를 넣은 가죽상자로서, 오늘날도 차고 다닙니다.

"옷자락 술"은 히브리어로 "지지트"(zizit)라 하여 하느님의 계명을 생각나게 하기 위해 옷의 네 귀에 달도록 규정되어 있었습니다(민수 15,37-41; 신명 22,12 참조). 나중에는 하의에 붙이다가 오늘날에는 기도복의 옷술로 영구화 되었다고 합니다.

여기서 마태오 복음은 일부 율법 교사들과 바리사이들이 이 성구갑을 "넓게" 술을 "길게" 만들어 과시하는 행태를 고발하고 있습니다.

또한 예수님께서는 대접받기를 좋아한 그들의 명예욕을 "윗자리", "높은 자리", "인사받기", 그리고 "스승이라고 불리기" 등의 단어로 적나라하게 드러내십니다.

마무리 국면에서, 예수님께서는 율법 학자들과 바리사이들에 대한 비판에서 제자들에 대한 단속으로 방향을 돌리십니다. 그리하여 "스승님"(라삐: rabbi), "아버지"(파테르: pater), "선생"(카데게테스: kathegetes)이라는 존칭어를 사람들 사이에서 쓰지 말라고 이르십니다. 이런 호칭은 오직 하늘에 계신 아버지와 그리스도께만 합당하기 때문입니다(마태 23,8-10 참조).

교육심리학적으로 부정을 통한 가르침은 역효과를 낼 수 있습니다. 그러기에 가장 높은 가르침은 대안제시입니다. 결론으로 예수님께서는 지금까지의 지적을 긍정의 대안으로 요약하십니다.

"너희 가운데에서 가장 높은 사람은 너희를 섬기는 사람이 되어야 한다. 누구든지 자신을 높이는 이는 낮아지고 자신을 낮추는 이는 높아질 것이다"(마태 23,11-12).

이 말씀은 교회생활의 영성적인 골자를 이루면서 복음서에서 제자들에게 주는 훈시에는 후렴처럼 붙어 있습니다(마태 20,26; 루카 22,26 참조). 이 말씀은 바로 이전 가르침의 요약이기에 제자들에게도 어렵지 않게 수긍되었을 터입니다.

이렇게 복음의 은혜를 더듬어 보았습니다. 그 가운데 더 머물고 싶어지는 말씀은 "낮추는 이는 높아질 것이다"(마태 23,12)입니다.

낮추는 이는 사랑하는 이다.
높이는 이는 교만한 이가 아니라 사랑하지 않는 이다.
사랑하니까 그 앞에서 스스로를 낮춘다.
사랑하지 않으니까 스스로를 높인다.

사랑은 낮은 데로 임한다.
인류를 사랑하시기에 그분께서는 낮은 데로 임하셨다.
마구간, 죄인들의 친구, 십자가를 지고 내려가신 죽음의
골짜기….
그렇게 인간 존재의 밑바닥까지 내려가셨다.
그것은 겸손이 아니라 사랑이었다.

그분은 나를 사랑하신다.

그러기에 이토록 누추한 마음 골짜기에까지
내려와 주신다.

낮추는 이

신랑이 왔다

이제 전례력은 한 해의 마감을 목전에 두고 있습니다. 이 시기에 맞춰 복음 말씀은 "종말"을 준비하는 마음을 점검하도록 우리를 종용합니다.

오늘 복음 말씀은 "열 처녀의 비유"를 전해줍니다. 당신의 수난과 죽음을 예견하신 예수님께서는 "종말"을 가르침의 주제로 삼기 위하여 제자들에게 이렇게 말문을 여십니다.

"하늘 나라는 저마다 등을 들고 신랑을 맞으러 나간 열 처녀에 비길 수 있을 것이다"(마태 25,1).

이 말씀을 제대로 알아들으려면 유다인들의 결혼 풍습을 먼저 알아둘 필요가 있습니다.

유다인들은 결혼할 때, 결혼식 하루 전날 신랑이 자기 집에서 친구들과 잔치를 벌이고 그다음 날인 결혼식 당일 저녁에 그 신랑의 일행이 함께 행진하여 신부 집에 찾아가 장가를 듭니다. 이때 신랑 측 행렬을 맞이하기 위하여 신부 친구들은 들러리로 밤새 기다립니다.

여기 "열 처녀"들은 바로 신부 들러리들로서 "신랑" 일행을 기다렸던 이들을 가리킵니다. 예수님께서는 이런 비유를 들어 "그리스도의 재림"을 기다리는 "교회 공동체"의 상황을 설명하고 있는 것입니다.

열 처녀 가운데 다섯은 어리석고 다섯은 슬기로웠습니다.

"어리석은 처녀들은 등은 가지고 있었지만 기름은 가지고 있지 않았다. 그러나 슬기로운 처녀들은 등과 함께 기름도 그릇에 담아 가지고 있었다"(마태 25,3-4).

예수님께서 언급하신 "어리석음"과 "슬기로움"의 차이는 신중한 사려와 준비성으로 드러납니다. 곧 어리석은 처녀들은 "등"만 가지고서 "기름이 떨어질 때"를 대비하지 않은 반면, 슬기로운 처녀들은 "등"을 같이 들고서 "기름이 떨어질 때"를 대비합니다.

이 비유는 결국 지상의 교회 공동체 가운데 두 부류의 여인들로 대변되는 이들이 있음을 보여줍니다. 즉 신랑으로서 오실 그리스도의 재림을 기다리며 맞이할 수 있는 이들과 그렇지 못한 이들입니다.

비유에서 "등"(람파스: lampas)은 긴 막대 끝에 매단 등불을 가리킵니다. 이를 그리스도인 공동체에 적용해보면, 이는 신앙적 삶의 외적 측면을 가리키는 것으로 볼 수 있습니다. 따라서 "기름"(엘라이온: elaion)은 그 외적 측면의 신실함을 지속시킬 수 있는 내적 동인, 곧 하느님에 대한 신뢰를 상징한다 할 수 있습니다.

이렇게 볼 때, "기름을 가지고 있지 않았다"는 것은 곧 하느님과의 일치함 없이 외형적인 신앙생활만을 유지하는 상태를 지칭합니다. 어리석은 처녀들은 그리스도의 재림 때까지 온전히 깨어 준비하지 못했던 것입니다.

이 약간의 차이는 궁극적으로 엄청난 결과적 격차를 가져옵니다.

신랑이 늦어지고 처녀들은 모두 졸다가 잠이 드는(마태 25,5 참조) 사태에 이르게 되었을 때, "한밤중"에 신랑이 오니, 당황스런 일들이 발생하게 되는 것입니다.

"그러자 처녀들이 모두 일어나 저마다 등을 챙기는데, 어리석은 처녀들이 슬기로운 처녀들에게 '우리 등이 꺼져 가니 너희 기름을 나누어 다오.' 하고 청하였다. 그러나 슬기로운 처녀들은 '안 된다. 우리도 너희도 모자랄 터이니 차라리 상인들에게 가서 사라.' 하고 대답하였다"(마태 25,7-9).

다급한 상황이 닥치면 "기름"을 준비하지 않은 다섯 처녀는 이런 당황스런 낭패를 당할 수밖에 없습니다.

여기서 중요한 사실은 신앙은 속성상 긴급하다고 해서 서로 꾸고 빌리고 할 사안이 아니라는 것입니다. 꾸려고 해도 꾸어지지 않고, 빌려주려 해도 빌려줄 수가 없는 것, 그것이 바로 "신앙"이라는 이름의 "기름"인 것입니다. 왜냐하면 신앙은 외적 유형의 물질이 아니라, 내적 무형의 실체이기 때문입니다. 곧 영적 충만은 극히 개인적인 영역에 속하는 것이라는 얘기입니다.

어리석은 처녀들은 신랑이 전혀 예상치 못한 때 갑자기 올 것에 대비하지 않았습니다. 그녀들은 자기들이 준비하면 신랑이 오겠지 하고 기대했을 뿐이었습니다. 기다리고 있는 것은 낙심뿐입니다.

"그들이 기름을 사러 간 사이에 신랑이 왔다. 준비하고 있던 처녀들은 신랑과 함께 혼인 잔치에 들어가고, 문은 닫혔다"(마태 25,10).

준비된 슬기로운 처녀들은 메시아의 잔치에 함께하는 기쁨을 누립니다. 이처럼 마지막 때에 우리에게 주어질 하느님 나라는 준비된 이들에게만 주어집니다.

"(문은) 닫혔다"는 말은 상황의 종료를 가리킵니다. 곧 그 문이 이미 닫혔으며 다시 열리지 않을 것임을 강조한 것입니다.

때가 지난 뒤에 울고불고 청해봐야 소용이 없습니다.

"나는 너희를 알지 못한다"(마태 25,12)는 최후의 선언은 이제 번복될 수 없습니다. 왜냐하면 회개와 개선을 위한 루즈 타임(loose time)은 제로(0) 상태이기 때문입니다.

상책은 미리 깨어 준비하는 것입니다.

"그러니 깨어 있어라. 너희가 그 날과 그 시간을 모르기 때문이다"(마태 25,13).

이렇게 복음의 은혜를 더듬어 봤습니다. 그 가운데 더 머물고 싶어지는 말씀은 "신랑이 왔다"(마태 25,10)입니다.

신랑이 오신다.

희비가 교차되는 순간.

사랑이 와도, 호롱불로 밤을 지새운 처녀만이 사랑을 맞이하네.

기쁨이 와도, 새벽을 기다리던 이만이 놓치지 않네.

구원이 와도, 그 얼굴을 알아보는 이만이 그를 환영하네.

신랑이 왔다!

더 받아

전례력으로 한 해의 끝자락에 와 있는 오늘을 교회는 "평신도 주일"로 정했습니다. 이렇게 특별히 "평신도 주일"을 마련한 것은 평신도 사도직을 독려하기 위함입니다. 취지는 독려이지만 시기적으로는 "정산"이라 해야 더 적합한 때입니다. 어찌 보면 이는 다음 해의 분발을 위한 절차로서 더 의미가 있을지 모르겠습니다.

복음 말씀의 주제는 "탈렌트" 관리입니다. 예수님께서는 "탈렌트의 비유"로 모든 그리스도인의 본분을 깨우쳐주고자 하십니다.

비유는 이렇게 시작됩니다.

"하늘 나라는 어떤 사람이 여행을 떠나면서 종들을 불러 재산을 맡기는 것과 같다"(마태 25,14).

그는 "각자의 능력에 따라"(마태 25,15) 한 사람에게는 다섯 탈렌트, 다른 사람에게는 두 탈렌트, 또 다른 사람에게는 한 탈렌트를 주고 여행을 떠납니다.

한 탈렌트는 약 6천 데나리온입니다. 한 데나리온이 노동자 하루의 보수임을 감안한다면 한 텔렌트는 노당자의 15년 치 급여에 해당하는 거금인 것입니다.

여기서 "능력"으로 번역된 그리스어 "뒤나민"(dynamin)은 어떤 일을 수행할 수 있는 내·외적 조건을 가리킵니다. 따라서 "각자의 능력에 따라"라는 말은 신자들 개개인이 모두 서로 다른 고유의 인격적, 신앙적 조건을 가지고 있으며 하느님께서는 이에 합당하게 그 맡은 자리에서의 역할을 감당할 수 있는 "탈렌트"(재능)를 더해주신다는 것을 의미합니다.

이제 충분히 시간이 흘러 각자 탈렌트를 발휘한 결산이 언급됩니다. 다섯 탈렌트를 받은 사람과 두 탈렌트를 받은 사람은 각자 최선을 다하여 이룬 결실을 보고하고 칭찬을 받습니다.

"잘하였다, 착하고 성실한 종아! 네가 작은 일에 성실하였으니 이제 내가 너에게 많은 일을 맡기겠다. 와서 네 주인과 함께 기쁨을 나누어라"(마태 25,21).

중요한 것은 최선을 다한 종들에게는 그 열매의 양과 상관없이 똑같은 말로 칭찬을 해주었다는 사실입니다.

비유의 핵심은 2명의 종들과는 달리 행동하면서 결실을 맺지 못한 세 번째 종의 행위에 있습니다. 한 탈렌트를 받았던 세 번째 종의 행동과 결실을 맺지 못한 그의 답변은 탈렌트 비유가 무엇을 의미하는지를 잘 드러내줍니다.

"주인님, 저는 주인님께서 모진 분이시어서, 심지 않은 데에서 거두시고 뿌리지 않은 데에서 모으신다는 것을 알고 있었습니다. 그래서 두려운 나머지 물러가서 주인님의 탈렌트를 땅에 숨겨 두었습니다. 보십시오, 주인님의 것을 도로 받으십시오"(마태 25,24-25).

이에 대한 주인의 반응은 준엄합니다.

"이 악하고 게으른 종아! 내가 심지 않은 데에서 거두고 뿌리지 않은 데에서 모으는 줄로 알고 있었다는 말이냐? 그렇다면 내 돈을 대금업자들에게 맡겼어야지. 그리하였으면 내가 돌아왔을 때에 내 돈에 이자를 붙여 돌려받았을 것이다"(마태 25,26-27).

"악하고 게으른 종"은 분노가 담긴 극단적인 언사입니다. 그만큼 "탈렌트"를 땅에 묻어둔 심사가 고약하다는 말씀입니다. 흥미로운 점은 주인이 그 악한 종이 둘러댄 변명의 논리를 그대로 되돌려 종을 꾸짖고 있다는 사실입니다.

꾸짖음에 이어 호된 조치까지 취해집니다.

"저자에게서 그 한 탈렌트를 빼앗아 열 탈렌트를 가진 이에게 주어라. 누구든지 가진 자는 더 받아 넉넉해지고, 가진 것이 없는 자는 가진 것마저 빼앗길 것이다. 그리고 저 쓸모없는 종은 바깥 어둠 속으로 내던져 버려라. 거기에서 그는 울며 이를 갈 것이다"(마태 25,28-30).

이는 그야말로 인정사정 봐주지 않는 심판입니다.

이 이야기를 정리하시면서 예수님께서는 역설적인 메시지로 결론을 맺으십니다.

"누구든지 가진 자는 더 받아 넉넉해지고, 가진 것이 없는 자는 가진 것마저 빼앗길 것이다"(마태 25,29).

가진 자가 더 받아 넉넉해지는 것은 얼핏 보면 불공정한 처사입니다. 더구나 가진 것이 없는 자가 가진 것마저 빼앗기는 것은 겉으로 보면 무자비한 조치입니다.

하지만 내용적으로는 이것이 공정한 대우이며 정의인 것입니다.

이렇게 복음의 은혜를 더듬어 보았습니다. 그 가운데 더 머물고 싶어지는 말씀은 "더 받아 넉넉해지고"(마태 25,29)입니다.

행복한 이여, 더욱 행복하라.
더 받아 누리라,
이는 그대가 수고로 일군 몫이니.

자비로운 이여, 더욱 자비로우라.
더 받아 누리라,
이는 그대가 수고로 일군 몫이니.

평화로운 이여, 더욱 평화로우라.
더 받아 누리라,
이는 그대가 수고로 일군 몫이니.

더 받아

가장 작은 이들

　오늘 우리는 전례력으로 마지막 주일을 보내면서, 예수 그리스도를 왕으로 고백하는 그리스도 왕 대축일을 지내고 있습니다. 교회는 오늘 예수님을 하늘과 땅의 모든 권한을 가진 진정한 왕으로 고백합니다.

　오늘의 복음 말씀은 "사람의 아들"이 세상의 마지막 날에 오시어 이루시게 될 최후의 심판에 관한 예고를 전해줍니다. 예고의 말씀은 세 가지 내용으로 전개됩니다.

　첫째로, 주님이 오시면 모든 사람들이 소집되고 "양"과 "염소"라는 두 부류로 구분된다는 것입니다.
　예수님께서는 "사람의 아들"의 오심에 대하여 장엄하게 말문을 여십니다.

"사람의 아들이 영광에 싸여 모든 천사와 함께 오면, 자기의 영광스러운 옥좌에 앉을 것이다"(마태 25,31).

이 말씀에서 "영광에 싸여"와 "모든 천사와 함께"라는 표현은 예수님에게서 장차 드러날 "왕"의 권위가 우주적임을 드러내줍니다.

그리고 "영광스러운 옥좌"는 예수님께 부여된 "하느님의 존엄"과 "심판자의 전권"을 가리킵니다.

그때가 오면, "모든 민족들" 곧 모든 사람들이 "양" 아니면 "염소"의 처지로 가름받을 것입니다.

"그렇게 하여 양들은 자기 오른쪽에, 염소들은 왼쪽에 세울 것이다"(마태 25,33).

성경의 용례상 "오른쪽"(덱시오스: dexios)은 힘과 의, 존귀와 생명을 뜻하고, "왼쪽"(유오뉘모스: euonymos)은 약함과 불의, 저주(코헬 10,2 참조)를 뜻합니다. 따라서 양은 "의로운 사람"을, 염소는 "불의한 사람"을 상징한다고 볼 수 있습니다.

"세울 것이다"로 번역된 그리스어는 "스테세이"(stesei)인데 이는 "확고하게 정하다", "고정시키다"란 뜻을 가집니다. 이는 한번 자리가 정해지면 영원히 바뀌지 않는다는 사실을 암시합니다.

둘째로, 주님의 오른편에 선 양과 왼편에 선 염소에 해당하는 부류가 어떤 기준으로 선정되었으며, 서로 상반된 이 부류의 사람들이 받을 보상이 무엇인지가 제시될 것이라는 말씀입니다(마태 25,34-45 참조).

일단, "양" 곧 "의로운 사람"으로 분류된 사람에게는 미리 준비된 상급이 주어집니다.

"내 아버지께 복을 받은 이들아, 와서, 세상 창조 때부터 너희를 위하여 준비된 나라를 차지하여라"(마태 25,34).

상급의 정성과 스케일의 엄청남에 그저 입이 쩍 벌어질 따름입니다.

이어서, 이들이 "양"의 무리로 뽑힌 까닭은 지극히 일상적이고 사소한 선행 때문임이 밝혀집니다.

"너희는 내가 굶주렸을 때에 먹을 것을 주었고, 내가 목말랐을 때에 마실 것을 주었으며, 내가 나그네였을 때에 따뜻이 맞아들였다. 또 내가 헐벗었을 때에 입을 것을 주었고, 내가 병들었을 때에 돌보아 주었으며, 내가 감옥에 있을 때에 찾아 주었다"(마태 25,35-36).

이 기준은 "염소"무리로 뽑힌 이들에게도 그대로 적용되어 반대결과를 가져온 원인으로 밝혀집니다. 이 의롭지 못한 이들에게 내려진 심판은 공포스럽기 짝이 없습니다.

"저주받은 자들아, 나에게서 떠나 악마와 그 부하들을 위하여 준비된 영원한 불 속으로 들어가라"(마태 25,41).

셋째로, 악인과 의인에게 선고된 벌과 상급이 마침내 집행되어, 그것이 영원히 지속된다는 사실을 선언하는 말씀입니다.

"이렇게 하여 그들은 영원한 벌을 받는 곳으로 가고 의인들은 영원한 생명을 누리는 곳으로 갈 것이다"(마태 25,46).

이로써 판결의 집행이 간략하게 언급되었습니다. "영원한"은 시간적 무제한을 가리키는 동시에, 돌이켜지지 않음을 뜻합니다. 경악스러움을 자아내는 최후의 말씀입니다.

오늘의 이 복음 말씀은 장례 미사를 위한 복음 말씀으로도 봉독됩니다. 너무 길어서 집중이 어렵지만, 결론은 짧습니다.

"너희가 내 형제들인 이 가장 작은 이들 가운데 한 사람에게 해 준 것이 바로 나에게 해 준 것이다"(마태 25,40).

사실 가만히 읽어보면 그 핵심 역시 단순합니다. 그 단순함 가운데 심오한 신비가 숨겨져 있는 것입니다.

하늘과 땅의 권세를 지니신 "왕"께서 주신 최후의 메시지치고는, 곰살스런 사랑이 어색한 듯 전해져 옵니다. "가장 작은 이들"이라는 호칭 때문입니다. 이 이름은 바로 앞에 "내 형제들인"이라는 수식어로 인해 더욱 아름답게 느껴집니다. 나아가 바로 뒤에 "이들 가운데 한 사람에게 해 준 것이 바로 나에게 해 준 것이다"라는 선언을 붙여주셨기에, 그 어떤 이름보다도 아름답습니다.

이렇게 복음의 은혜를 더듬어 보았습니다. 그 가운데 더 머물고 싶어지는 말씀은 "가장 작은 이들"(마태 25,40)입니다.

그 이름 아름답구나,
가장 작은 이들.
너희 가운데 한 사람에게 나눈 빵
내가 갚으리니,
너희와 내가 하나임이라.

그 이름 정겹구나,
내 형제들인 가장 작은 이들.
너희 가운데 한 사람에게 베푼 사랑
내가 갚으리니,
너희와 내가 하나임이라.

가장 작은 이들